Lotte Bormuth

# Lass mich das Ziel vor Augen haben

francke

**Über die Autorin:**

Lotte Bormuth ist eine der erfolgreichsten christlichen Autorinnen Deutschlands. In bald über 100 Titeln hat sie mit Lebensbildern und eigenen Erlebnissen vielen Menschen Trost, Freude und Glaubensmut vermittelt. 1945 als Flüchtlingskind nach Deutschland gekommen, engagiert sie sich heute für syrische Flüchtlinge in ihrem Umfeld. Sie hat fünf Kinder, 17 Enkel und drei Urenkel und lebt mit ihrem Mann in Marburg.

Bibliografische Information Der Deutschen Bibliothek
Die Deutsche Bibliothek verzeichnet diese Publikation in der
Deutschen Nationalbibliografie;
detaillierte bibliografische Daten sind im Internet
über http://dnb.ddb.de abrufbar.

ISBN 978-3-86827-636-7
Alle Rechte vorbehalten
© 2017 by Verlag der Francke-Buchhandlung GmbH
35037 Marburg an der Lahn
Umschlagbild: © shutterstock.com / Patrick Morand
Umschlaggestaltung: Verlag der Francke-Buchhandlung GmbH /
Christian Heinritz
Satz: Verlag der Francke-Buchhandlung GmbH
Printed in Czech Republic

www.francke-buch.de

# INHALT

# ALLES GLÜCK DER ERDE

Mathematik war mein erbärmlichstes Fach in der Schule. Das fing in der Mittelstufe an, als wir unseren guten Lehrer Claus verloren und ein neuer Studienrat seinen Platz einnahm. Damals war ich immer noch gut bis mittelmäßig, aber bei dem neuen Pauker verstand ich nur noch „Bahnhof". Seine Art, Gleichungen zu erklären, ging über meinen Kopf hinweg. Er sprach sehr schnell und ich stand wie ein Ochs vor dem neuen Scheunentor. Nichts hatte ich verstanden. Da meldete ich mich und bat ihn, ob er mir die Algebra langsamer und deutlicher erklären könnte. Aber mit dieser Bitte habe ich mir seinen Zorn zugezogen. „Du blöde Kuh!", schrie er mich laut an. „Was suchst du überhaupt auf dem Gymnasium. Stallmagd würde besser zu dir passen." Ich war total erschrocken über seinen Wutausbruch und habe es nie mehr gewagt, um eine zweite Erklärung zu bitten.

So rutschte ich in diesem Fach immer weiter ab. An eine Zwei war schon lange nicht mehr zu denken. Mit jeder neuen Klasse wurde meine Mathenote schlechter; erst bekam ich eine Drei, dann eine Vier, und schließlich landete ich bei Mangelhaft. Von dieser Note bin ich nicht mehr heruntergekommen. Ich nahm sie mit bis in die Oberstufe, und sogar im Abiturzeugnis hat mir diese Fünf meine Suppe kräftig versalzen. Nie habe ich später gewagt, meinen Kindern die Schulzeugnisse zu zeigen. Sie liegen verdeckt von anderen Dokumenten ganz unten im Schreibtisch, und ich selbst habe mir meine Noten nicht mehr angeschaut, obwohl ich es in einer Reihe von Fremdsprachen zu guten Leistungen gebracht habe. In der Oberstufe bekamen wir dann einen ausgezeichneten Lehrer in Mathematik. Ich konnte seinen Erklärungen an der Tafel gut folgen, aber mir fehlten die drei Jahre in der Mittelstufe. Es war mir nicht möglich, Gleichungen zu lösen. So blieb ich mit meinem Mangelhaft bis zum Abitur sitzen. Das ist wahrlich kein Ruhmesblatt.

Nun hatten wir nach über dreißig Jahren ein Klassentreffen geplant. Gern fuhr ich zu meiner alten Schule nach Rotenburg an der Fulda. Ich war gespannt, wen ich von meinen früheren Kameraden treffen würde. Zunächst ließen wir uns in einem Café Kaffee und Kuchen schmecken. Ausgerechnet Herr Söldner, dieser hervorragende Mathematiker, dessen Erklärungen ich im Unterricht folgen konnte, setzte sich an meinen Tisch. Mir war dies äußerst peinlich und ich brachte auch einige Worte der Entschuldigung über meine Lippen, denn es tat mir leid, dass ich gerade in seinem Fach so jämmerlich versagt hatte. „Aber Lotte", versuchte er mich zu beruhigen, „ich habe immer voller Achtung Ihre Haltung gegenüber Ihren Klassenkameraden bewundert. Sie waren den anderen Schülern gegenüber vorbildlich, rücksichtsvoll und hilfsbereit. Mathematik ist nicht jedermanns Sache. Sie hatten andere Qualitäten. Vor allem bewundere ich Ihre schriftstellerische Leistung. Sie haben mir Ihr erstes Buch mit einer Widmung zugeschickt. Der Bericht über den Tod Ihres Vaters hat mir Tränen über die Wangen kullern lassen. Sein Sterben war wirklich ein Heimgang zu Gott. Dieses Buch hat mich sehr nachdenklich gemacht und mich im Innersten ergriffen. Dafür möchte ich Ihnen danken."

Diese Worte konnte ich nicht begreifen.

Sie beschäftigen mich noch heute. Dieser hervorragende Lehrer wurde durch die Botschaft der Auferstehung bewegt und im Inneren von Jesu herrlicher Tat erfasst. Und ich, die Schlechteste im ganzen Verein, wurde von Gott gebraucht, das Zeugnis von Christus auch ihm deutlich zu machen. Das ist Glück, tiefes, wunderbares Glück – trotz der Fünf in Mathematik.

# Ein wichtiges Ziel vor Augen

Ziad Jarrah, der Terrorpilot, der die vollbesetzte Passagiermaschine am 11. September 2001 über Pennsylvania zum Absturz brachte, schrieb in seinem Abschiedsbrief an seine Freundin in Greifswald: „Kopf hoch, meine Liebste, aber mit einem Ziel vor Augen. Sei nie ziellos, habe immer ein Ziel vor dir!"

Welch verdammungswürdige Sätze waren diese Worte, die seiner Geliebten für ihr weiteres Leben dienen sollten. Viele Menschen fanden durch seinen Terrorangriff den Tod. Dieser junge Mann hatte ein Ziel vor Augen, aber es war zutiefst verabscheuungswürdig, böse und verbrecherisch. Hat er denn nie darüber nachgedacht, welch schreckliches Leid er dadurch über viele Familien gebracht hat? Wie konnte er nur so eine scheußliche Tat planen und auch ausführen? Es ist für jeden Menschen gut, wenn er sich schon in jungen Jahren Ziele setzt, aber es müssen gute und helfende Ziele sein.

Als mich Jesus in seine Nachfolge rief, stellte er mir auch ein Ziel vor mein Inneres.

Ich sollte Botschafterin seines Evangeliums werden und andere Menschen in das Boot Christi holen. Dieser Gedanke hat mich stark bewegt und ich habe oft darüber nachgedacht, wie mir dies gelingen könnte. Am schwersten empfand ich es, mich in meiner Familie auf die Seite Jesu zu stellen. Ich begann zunächst damit, dass ich bei Tisch meine Hände faltete und betete. Einmal fragte mich meine Großmutter: „Lottchen, bis du jetzt bekehrt?" Ich wusste nicht, was sie damit meinte, und schwieg, denn ich kannte dieses Wort noch nicht. Aber scheinbar muss sie meine Veränderung und mein Beten beeindruckt haben, denn sie begann mit mir alte, fromme Lieder zu singen.

Das erste Lied, das wir sogar mehrstimmig einübten, lautete: „Wenn Friede mit Gott meine Seele durchdringt." Bis heute ist es eins meiner Lieblingslieder geblieben, und mich bewegt oft in Zeiten der Anfechtung und Bedrängnis der Refrain: „Mir ist wohl, mir ist wohl in dem Herrn."

Wie sehr habe ich mich darüber gefreut, als ich in einem Bericht die Entstehungsgeschichte dieses Liedes fand. Der Autor dieser wunderbaren Verse ist Horatio G. Spafford. 1828 erblickte er das Licht der Welt. Von Beruf war er Rechtsanwalt in Chicago. Früh hat er sein Leben Christus übereignet und machte daraus auch kein Hehl, sondern bezeugte froh seinen Herrn. Außerdem half er den Armen, Kranken und Alten. Er war aber auch ein sehr heftig angefochtener Mann. Vier seiner Kinder verlor er bei einem schrecklichen Schiffsunglück. Es war ein französisches Schiff, das sich auf der Rückfahrt von Amerika nach Frankreich befand. Frau Spafford war mit ihren vier Lieblingen an Bord. Mitten auf dem Ozean stieß der Dampfer mit einem Segelschiff zusammen.

Nach diesem entsetzlichen Zusammenstoß holte Frau Spafford ihre Kinder aus den Betten und brachte sie an Deck. Nachdem ihr bewusst wurde, dass es wohl kaum eine Rettung aus der Not geben würde, kniete sie mit ihnen auf den Planken nieder und betete zu Gott: „Herrgott, wenn es möglich ist, dann rette uns aus den Wogen des Meeres. Hast du es aber anders für unser Leben beschlossen, dann mach uns alle zum Sterben bereit und hole uns heim in deine neue Welt zu dir."

Kurz darauf sank das Schiff in den Fluten

des Ozeans. Alle Kinder fanden dabei den Tod, die Mutter aber wurde auf wunderbare Weise gerettet. Es war ein Matrose, der genau an der Stelle, wo der Dampfer unterging, mit seinem Boot in ihrer Nähe auftauchte, wo sie gegen die Wellen ankämpfte. Er konnte sie in sein Rettungsboot ziehen und brachte sie zehn Tage später in Cardiff an Land. Von dort schickte sie an ihren Mann ein Telegramm mit den Worten: „Allein gerettet!" Sofort reiste der Rechtsanwalt zu ihr, um sie nach Chicago heimzuholen. Er ließ später das Telegramm einrahmen und in seiner Kanzlei aufhängen.

Natürlich wurde dieses entsetzliche Unglück weit bekannt und der Tod der vier Kleinen war in aller Munde. Auch der Erweckungsprediger Moody hörte davon und besuchte die schwer heimgesuchte Familie. Er wollte sie trösten und war erstaunt, als die Eltern ihm sagten: „Es ist gut so. Gottes Wille geschehe." Später dichtete dann der Vater das weltbekannte Lied „Wenn Friede mit Gott meine Seele durchdringt". Wie vielen Menschen haben diese Verse Trost in ausweglosen Situationen gebracht. Der Sänger Sankey hat dann später dieses Gedicht vertont.

Auch in meiner Klasse versuchte ich, das Zeugnis von Jesus weiterzusagen. Aber ich weiß von keinem meiner Klassenkameraden, der diese Botschaft von der Errettung durch Christus angenommen hätte. Natürlich habe ich mich gefragt, warum es mir nicht gelungen ist, meinen Mitschülern das Wort Gottes eindringlich zu sagen. Ich weiß es nicht und fühlte mich in meiner Klasse oft als Außenseiter. Erst bei der Abiturfeier kamen zwei Jungs auf mich zu und sagten: „Lotte, du warst uns immer ein toller Kerl! Mit dir hätten wir Pferde stehlen können. Du bist verlässlich!"

Natürlich haben mich diese Worte erfreut, aber glücklicher wäre ich sicher gewesen, wenn ich ihnen die Botschaft vom lebendigen Glauben an Jesus hätte nahebringen können. Aber eines haben meine Klassenkameraden immer gewollt: Ich sollte am Morgen vor Beginn des Unterrichts ein Gebet sprechen. Besonders für Winfried war es ein Anliegen, dass ich vor der mündlichen Abschlussprüfung unseres Abiturs mit ihnen die Hände faltete. Ich betete an diesem bedeutsamen Tag mit Worten von Dietrich Bonhoeffer: „Von guten Mächten wunderbar geborgen erwarten wir getrost, was kommen mag. Gott ist mit uns am Abend und am Morgen und ganz gewiss an jedem neuen Tag."

Mir wurde bewusst, dass meine Morgengebete meinen Mitschülern doch hilfreich waren, sonst hätten sie mich nicht beim Abitur darum gebeten. Einige von ihnen weilen nun schon nicht mehr unter uns Lebenden.

Als ich auf einer Geburtstagsfeier zwei ehemalige Mit-Abiturienten traf, schenkte ich ihnen ein Buch von mir mit einer besonderen Widmung: „Weil du in Gottes Augen so wertvoll bist, sollst du auch wunderbar sein, denn ich habe dich lieb. Darum fürchte dich nicht!" Das wünsche ich mir, dass die Wertschätzung von Gott in ihrem Leben Frucht bringe.

# UNFINDEN –
# EIN BESONDERER ORT

Zum Frühstückstreffen für Frauen war ich nach Unfinden eingeladen. Welches Rätsel mag sich hinter dieser Namensgebung verbergen? Lag es vielleicht daran, dass dieses Dorf länger nicht auffindbar war und dann erst später entdeckt wurde? Das könnte schon gut möglich sein. Andere Erklärungen deuten darauf hin, dass der Name von „Unfundus" abgeleitet werden könnte, also so gut wie „kein Boden" heißt. Denn hier gab es in früheren Zeiten nur Sumpf und Wasser. Eine nettere Deutung könnte von dem lateinischen Wort abgeleitet werden, weil ein Ausspruch überliefert ist: „Hier ist ein guter Wein zu finden." Noch heute ist am Eingang zum Rathaus im Dorfwappen an dem Schriftzug Unfind gleichzeitig eine Weintraube zu sehen. 1241 wird der Ort erstmals erwähnt. Hier wohnten früher Ritter und Geistliche aus verschiedenen Gegenden wie Altenstein, Segnitz und Würzburg, die mit einem Lehen bedacht wurden. Es waren zumeist kirchliche und klösterliche Lehen.

Unfinden gehört zu Bayern und die Bewohner wurden mit einer Steuer, die man den „Zehnt" nannte, belegt. In Anlehnung an das alttestamentliche Gebot, das den zehnten Teil des Ertrags als Abgabe an Gott forderte, wurde hier der Zehnte an die Kirche abgegeben. Später unterschied man zwischen dem geistlichen und dem weltlichen Zehnten. Der große Zehnt bestand nur aus Garten- und Baumfrüchten. Der „Naturalzehnt" wurde von Ernteerträgen erbracht, und der Blutzehnt forderte den zehnten Teil an Jungvieh. Der „Novalzehnt" wurde vom neugerodeten Ackerland erhoben und der „Sackzehnt" beinhaltete den zehnten Teil des gedroschenen Getreides.

Im 6. und 7. Jahrhundert verlangte man von den Bürgern nur noch Geldwerte, so wie das heute auch noch in Form von Steuern üblich ist. Es gab gewisse Tage, an denen die Glocken alle Bewohner zusammenriefen. Das Erscheinen war Pflicht, und dann wurden die wichtigsten Ereignisse des Dorfes, aber auch die neuen Bestimmungen besprochen. Später wurden diese Zusammenkünfte zu einem fröhlichen Fest umgewandelt. Wer zu den festgelegten Terminen nicht erschien, wurde mit einer Geldstrafe belegt. Mit Wein, Bier und Wecken endete dieses Fest. Heute steht Unfinden unter Denkmalschutz. 350 Einwohner hat der Ort.

Ich war zu einem Frühstückstreffen eingeladen. In einem uralten Fachwerkhaus, das heute als Ferienpension dient, waren wir zum Schlafen untergebracht. Wir wurden mit allem köstlich versorgt. In dieser waldreichen Gegend ist der Erholungsgrad grandios. Befindet man sich auf der B 303, so ist man ringsum von herrlichen Wäldern umgeben. Unfinden gehört heute zur Stadt Königsberg in Bayern und wir haben es wirklich gut finden können.

Für mich war es das erste Mal in meinem Leben, dass ich in einem Schützenhaus das Evangelium verkündigen konnte. Ich war ganz überrascht, dass ich zunächst in den größeren Teil des Hauses geführt wurde, wo sich die Schützen zum Üben treffen. An einer besonders gestalteten Wand konnte ich die Zielscheiben nacheinander aufgereiht sehen. Dort lernen die Schützen, wie man sicher ein Ziel treffen kann. Als ich mich in diesem Raum etwas ängstlich umschaute, wurde mir von einer Mitarbeiterin erklärt:

„Frau Bormuth, Sie brauchen hier keine Furcht zu haben. Noch nie ist in unserem Dorf jemand erschossen worden." Aber etwas seltsam hat mich dieser Übungsraum doch berührt. Unsere Zusammenkunft fand in einem anderen kleineren Saal statt. Dort hatten schon seit den frühen Morgenstunden drei Frauen die Tische festlich geschmückt, den Kaffee gekocht, die Brötchen in die Körbchen gefüllt und die Wurst- und Käseplatten gerichtet. Außerdem standen noch Butter und verschiedene Marmeladensorten auf dem Tisch. Ohne den fleißigen Einsatz dieser Mitarbeiterinnen hätten wir nicht einen so herrlichen Tag erleben können. Außerdem war schon ein wunderbar geschmückter Weihnachtsbaum im Raum aufgerichtet.

Da es ja ein kleiner Ort sei, so wurde mir erklärt, würde man nur mit etwa zwanzig Teilnehmerinnen rechnen. Aber schon eine halbe Stunde vor Beginn kamen die ersten Frauen. Der Saal füllte sich recht schnell, und mit über fünfzig Gästen konnten wir das Treffen beginnen. Dabei kam beim Essen ein munteres Gespräch in Gang. Auch die Pfarrerin mit einer Singgruppe war anwesend und brachte in diesen Tag den rechten Klang hinein. Nach einer Dreiviertelstunde kam ich an die Reihe mit meinem Vortrag. Die Frauen hatten sich aus einer Vielzahl von Ausarbeitungen das etwas sonderbare Thema ausgesucht: „Nicht schimpfen, nur freuen."

Im zweiten Teil meines Referates sprach ich über das Kommen Jesu in unsere Welt, denn wir feierten schon den Advent. Da war es mir sehr wichtig, die Geburt unseres Erlösers und Retters in den Mittelpunkt zu stellen. „Euch ist heute der Heiland geboren, welcher ist Christus, der Herr." Das haben die Engel den Hirten auf den Fluren Bethlehems verkündigt. Welch eine Gnade hat Gott uns gewährt, dass er in unsere Not und in unser Elend seinen Sohn gesandt hat. Wir dürfen im Aufblick zu Christus Hoffnung gewinnen, auch wenn wir oft vor Gott schuldig geworden sind. Weihnachten bringt in unsere Traurigkeit und Verzweiflung Freude und Jubel. Sogleich werden wir auch aufgefordert, diese einzigartige Botschaft laut zu verkündigen und uns der Menschen anzunehmen, die in Nöten und Ängsten leben müssen. Diesen Auftrag haben mein Mann und ich erkannt und laden nun schon seit fünfzig Jahren Flüchtlinge, Heimatlose und Bedürftige zu einem frohen Fest am Heiligabend ein. Ich erkenne darin, dass er uns viele Gäste in Marburg anvertraut, Gottes Gnade für unseren Dienst. Unser Saal füllt sich jedes Jahr mit mehr als hundertsiebzig Menschen. In unserer Zeit ist diese Veranstaltung besonders nötig, da ja viele Flüchtlinge in unser Land strömen und eine Bleibe suchen. Sie brauchen unsere Liebe und unser Vertrauen.

Mit großer Freude und Dankbarkeit für Gottes Chance, die er uns durch die Verkündigung der Christusbotschaft ermöglichte, machten wir uns anschließend wieder auf den Weg zurück nach Marburg. Wir haben Unfinden gefunden und dabei Jesus bezeugt und ihn erlebt.

# EINE BESONDERE
# KONFIRMATION

Eine damals 14-jährige Konfirmandin aus Schneidemühl schreibt:

Wie sehr habe ich mich auf meine Konfirmation im Frühjahr 1945 gefreut. Ich bin gern in den Unterricht von Pfarrer Wulf gegangen, denn mir war Jesus in dieser Zeit, als wir in die Bibel eingeführt wurden, überaus bedeutsam. Christus wurde mir zum besten Freund an meiner Seite. Ich liebte es auch, mit einer Reihe von Gesangbuchliedern und Geschichten aus dem Wort Gottes vertraut zu werden. Heute bin ich 85 Jahre alt und noch immer sind mir die Verse aus dem Wort Gottes zu einer ermutigenden Kraft und Freude geworden. Es ist erstaunlich, wie viele Sprüche ich auswendig gelernt habe. In Nächten der Angst und Krankheitsnot werden mir die Jesusworte zu einer starken Tröstung. In meiner Bibel sind sie rot unterstrichen.

Und noch etwas anderes hat mir gefallen. Meine Mutter hatte einen Antrag für einen Bezugsschein gestellt, denn ich brauchte ein

Konfirmationskleid. Dieser wurde mir auch gewährt. So zog ich mit ihr los und durfte mir einen wunderschönen blau karierten Stoff aussuchen. Für mich war dies ein herrliches Geschenk, denn mir war es bisher nur vergönnt, die Sachen meiner beiden älteren Schwestern aufzutragen, was ich allmählich leid wurde. Nun würde ich endlich ein neues Kleid erhalten. Ich war darüber sehr glücklich. Tante Hilde wollte es mir nähen. Aber leider habe ich dieses Prüfungs- und Konfirmationskleid nie bekommen, obwohl ich zweimal zur Anprobe bei ihr war. Die Flucht aus dem Osten hat mir diese Freude genommen. Da wir uns binnen zwei Stunden am Bahnhof einfinden mussten, blieb mir keine Zeit mehr, das schon fast fertig genähte Kleid abzuholen, und Tante Hilde hatte es auch nicht für mich in ihren Koffer eingepackt. Mein Traum, einmal mit einem schicken Kleid in die Kirche zu gehen, hat sich nicht erfüllt.

So wurde ich im April 1945 konfirmiert und fühlte mich im Vergleich zu den anderen Mädchen schäbig angezogen. Sie hatten ja – anders als ich – alle nicht fliehen müssen und kamen sehr gut gekleidet in die Kirche.

Zum Glück hatte Mutter das schwarze Konfirmationskleid meiner älteren Schwester eingepackt. Mich tröstete nur der Gedanke, dass vielleicht ein polnisches Mädchen mein Kleid hat tragen können. Aber wer weiß?

Mich erfüllte bei diesem stillen Fest die große Freude, dass ich Jesus das Ja meines Lebens geben durfte. Ich begriff, dass die Äußerlichkeiten keinen so wichtigen Platz in meinem Leben einnehmen müssen. Allein die Botschaft des Neuen Testaments aus Matthäus 6,25-26 ist mir wegweisend geworden. „Darum sage ich euch: Sorgt nicht für euer Leben, was ihr essen und trinken werdet; auch nicht um euren Leib, was ihr anziehen werdet. Ist nicht das Leben mehr als die Nahrung und der Leib mehr als die Kleidung? Seht die Vögel unter dem Himmel an: sie säen nicht, sie ernten nicht, sie sammeln nicht in die Scheunen; und euer himmlischer Vater nährt sie doch. Seid ihr denn nicht viel mehr denn sie?" Schon damals verstand ich, wie wertvoll ich in Gottes Augen bin.

# GRAF HEINI VON LEHNDORFF

Das Dritte Reich war für Deutschland eine Zeit vieler Bedrohungen. Vor allen Dingen hatte die Bevölkerung unter den Kriegswirren zu leiden. Adolf Hitler hielt sich für den größten Feldherrn aller Zeiten und entwickelte eine schreckliche Kriegswut. Es begann mit dem Polenfeldzug am 1. September 1939, dann folgte der Einmarsch in Frankreich im Mai 1940 und schließlich am 22. Juni 1941 der Beginn des Krieges mit Russland.

Ringsum waren die Menschen vom Kriegsgeschehen bedroht. Sogar in den Nächten litten sie unter den feindlichen Fliegerangriffen. 64 deutsche Großstädte, dazu noch eine ganze Reihe kleinerer Städte, wurden ein Opfer der Bomben. Zigtausende Menschen verloren dadurch ihr Hab und Gut und viele dazu noch ihr Leben. Viele Nächte mussten die Menschen in Bunkern und Kellern verbringen. Oft wurden sie auch darin verschüttet und litten unter Angst und Todesnot. Aber das größte Blutopfer wurde an den Fronten gefordert. Über 50 Millionen, meist junge Soldaten, starben in Ost und West, darunter auch viele Franzosen, Russen, Briten und Amerikaner.

Hinzu kamen die vielen Flüchtlinge und Vertriebenen, die ihre Heimat im Osten verlassen mussten, als die russische Armee nach Deutschland vordrang. Mehrere Millionen von Frauen, Männern und Kindern befanden sich mitten im frostigen Winter bei minus 20 Grad auf den Straßen oder wagten die Fahrt mit Reisezügen oder Viehwaggons in den Westen. Dabei wurden sie oft von Hunger und Durst, Erfrierungen und Seuchen, Ausbeutung und Vergewaltigungen gequält. Jeder wollte sich vor dem Ansturm der feindlichen Armee retten. Aber viele erlitten den Tod durch Eis und Schnee oder durch die Tiefflieger und Panzer, die die Trecks überrollten. Gerade in Ostpreußen wurde die Bevölkerung eingekesselt und ihr blieb nur noch der Weg über die Ostsee auf Booten und Schiffen. Mit Schrecken denke ich z. B. an den Untergang der Wilhelm Gustloff, die von fünf russischen Torpedos getroffen wurde. Im eiskalten Wasser fanden etwa 10 000 Menschen den Tod durch Ertrinken. Nur wenige konnten aus dem kalten Wasser gerettet werden. Ich würde aber etwas Wesentliches unterschlagen, wenn ich nicht auch die 6 Millionen Juden erwähnte, die in den KZs qualvoll durch Giftgas umgekommen sind.

Viele Generäle, hohe Offiziere und verantwortliche Politiker sahen schließlich keinen anderen Ausweg, als den Führer zu beseitigen, der nicht bereit war, einen Waffenstillstand zu schließen, obwohl die Bevölkerung schon die Niederlage Deutschlands vor Augen sah. So schmiedeten sie einen Komplott zur Beseitigung Hitlers. Oberst Graf von Stauffenberg war bereit, zwei Bomben heimlich in die Wolfschanze, das Hauptquartier des Führers, einzuschleusen und ihn mit Himmler und Göbbels zu töten. Die beiden Letzteren aber waren an diesem Tag, dem 20. Juli 1944, gar nicht anwesend. So misslang der Versuch und der Führer überlebte mit leichten Verletzungen.

Zu den Attentätern gehörte auch Oberstleutnant Graf Heini von Lehndorff. Er war Rittergutsbesitzer und sein Hof befand sich etwa 14 Kilometer von Hitlers Hauptquartier entfernt. Er besaß etwa 5500 Hektar

Land und sehr viel Wald. Mit seiner jungen Frau Gottliebe und seinen drei Kindern wohnte er in einem Schloss, das von einem wunderschönen Park umgeben war. Gerade mal sieben Jahre war er mit seiner Frau verheiratet, als er wegen seiner Beteiligung am Attentat gegen Hitler im Bendlerblock in Berlin eingekerkert wurde. Seine Frau erwartete ihr viertes Kind. Als er erfuhr, dass das Attentat gescheitert war, floh er am 20. Juli aus seinem Dorf Steinort in die Wälder. Zunächst entkam er der SS, wurde aber nach zwei Fluchtversuchen doch noch gefangen genommen und nach Berlin überführt.

In einem Prozess vor dem Volksgerichtshof wurde er zum Tode durch den Strang verurteilt und noch am gleichen Tag hingerichtet. Für seine Familie wurde Sippenhaft angeordnet. So wurde auch seine Frau verhaftet und in das Gefängnis nach Torgau gebracht. Dort erblickte auch das Baby während der Inhaftierung seiner Frau in einem Gefängniskrankenhaus das Licht der Welt. Die anderen drei Kinder dieser Familie wurden der Mutter weggenommen und in den Harz nach Bad Sachsa gebracht. Das Elend dieser Mutter können wir uns gar nicht vorstellen.

Insgesamt erlitten 145 Attentäter den Tod. Aber nun möchte ich gerne noch Teile aus dem letzten Brief von Graf Lehndorff zitieren, den er einen Tag vor seiner Hinrichtung an Gottliebe geschrieben hat, und der aus seiner Zelle herausgeschmuggelt wurde. Seine Frau erhielt ihn erst viel später. Darin schreibt er:[1] „Meine einzige Zuversicht ist mein Glaube an Dich, an Deinen Mut und an Dein in der Not starkes Herz. Vollends wahnsinnig würde ich werden, wenn ich auch nur mit einem Gedanken es für möglich hielte, dass Du mir innerlich einen Vorwurf machen könntest. Wenn Du auch vorher nichts von meinen Absichten gewusst hast, so wirst Du doch immer davon überzeugt sein, dass ich nicht leichtfertig Eure Zukunft zerstört habe, sondern einer Idee gedient habe, von der ich geglaubt habe, dass sie eine Rücksicht auf Privates und Familie nicht rechtfertige. Der liebe Gott und das Schicksal haben gegen mich entschieden, aber ich nehme die felsenfeste Überzeugung mit ins Grab, dass Du mich deswegen mit keinem Gedanken richten wirst. Man darf

---

1 (aus dem Buch „Offiziere gegen Hitler" von Fabian von Schlabrendorf ausgewählt aus Seite 135-136)

sich auch nicht überlegen, wie wäre es, wenn man anders gehandelt hätte. Man kann Geschehenes nicht ungeschehen machen. [...] Einen schönen Spruch, an dem ich mich aufgerichtet habe, lege ich Dir ans Herz wegen seiner Wahrheit: *Sorget nichts, sondern lasst in allen Dingen Eure Bitten und Gebet und Flehen mit Danksagung vor Gott kundwerden.* Und werden unsere Bitten nicht erfüllt, so müssen wir uns sagen, dass Gottes Wege nicht unsere Wege sind, und wir nicht wissen können, was für uns das Beste ist.

Mein Liebes, ich werde Dir in dieser Form fremd sein, aber glaube mir, diese Wochen haben mich wirklich gläubig gemacht und ich bin unendlich dankbar dafür. Der christliche Glaube und der Glaube an ein himmlisches Reich sind das Einzige, was einen in der Not hält. Wie oft habe ich an unsere gemeinsamen Versuche gedacht und wie gerne würde ich jetzt mir Dir über alles sprechen. Der Weg dorthin führt aber nur über Leid, und es muss erst einmal alles Alte gewaltsam von einem gerissen werden. Erst dann kann man eine ‚neue Kreatur' werden. Was für ein sündiger Mensch ich bisher war, ist mir erst jetzt klar geworden. Es ist sehr viel verlangt, dass mir der liebe Gott dies alles verzeihen soll, wo ich doch erst zu ihm gefunden habe, als die wirkliche Not begann. Aber ich habe ihn oft darum gebeten und glaube, er hat mich erhört. Jedenfalls werde ich in diesem Glauben sterben ohne Furcht und Angst. Mein Einsegnungswort *Wachet, stehet im Glauben, seid männlich und seid stark* soll mich bis zuletzt leiten. Eine riesige Hilfe war es mir, dass ich in Königsberg wie in Berlin mir eine Bibel beschaffen konnte, die meine Hauptlektüre war. Es ist mein Wunsch und guter Rat an Dich, versuche ernsthaft, ein richtiger Christ zu werden. Es ist bestimmt die stärkste Waffe, die man haben kann. Wenn man will und immer wieder darum bittet, versagt sich der liebe Gott einem auch nicht. Und Dir bestimmt nicht, denn Dein Herz ist so gut. Ich habe Dir dies alles so ausführlich geschildert, dass Du über alles, was mich bis zu meinen letzten Tagen bewegt hat, genau weißt.

Der liebe Gott beschütze Dich und unsere Kinder auf all Euren Wegen. So umarmt Euch und liebt Euch auf der Welt Euer Papa und Dein Heini.“

# MEIN RETTENDER FEIND

Eine mir unbekannte Person berichtet:

Für Deutschland wollte ich kämpfen und meine ganze Kraft gegen unsere Feinde einsetzen. Der Sieg sollte uns gehören und ich war bereit, meine Jugend dafür zu opfern. Leider kam alles anders. Die deutsche Wehrmacht musste sich vor den Sowjets mehr und mehr zurückziehen, und schließlich landete ich nach der Kapitulation Anfang Mai 1945 in der Tschechoslowakei.

Unsere Landser versuchten quer durch den brodelnden Hexenkessel in den Bayerischen Wald zu flüchten, um noch in amerikanische Gefangenschaft zu gelangen. Daher trennte ich mich von meinen Kameraden und kam in der Nähe von Prag in ein Dorf, um mir etwas Wasser aus einem Brunnen zu schöpfen. Vor Durst kam ich fast um. Tatsächlich fand ich eine Pumpe und atmete erst mal tief durch. Plötzlich sah ich, dass dieser Brunnen von zwei Partisanen bewacht wurde. Sie entdeckten mich, bevor ich ihnen entfliehen konnte. Ich wurde gefesselt und sofort vor eine Wand gestellt. Mit einem Genickschuss wollten sie mich töten. Laut schrie ich um Hilfe: „Ich will nicht sterben, ich bin doch noch so jung!"

Mir war gar nicht bewusst, dass mich mein lautes Rufen retten könnte, denn die Waffe war doch schon auf mich gerichtet. Aber in dem Haus gegenüber wurde sofort eine Tür aufgerissen und ich vernahm den scharfen, russischen Befehl: „Stoi takoje!" Ein ehemals feindlicher Offizier trat auf mich zu. Die Tschechen erklärten ihm, ich sei ein SS-Mann. Aber das war ich nicht. Auf meinem linken Arm befand sich kein SS-Zeichen. Der Oberleutnant fragte nach meinem Dokument und ich zeigte ihm mein Soldbuch. Er blätterte darin, sah mich aber immer noch misstrauisch an. Dann ergriff er mich an meiner rechten Hand und führte mich bis zum Tor. „Kamerad", sprach er mich an, „du nicht SS, aber schnell weg. Dawei! Dawei!"

Dieser Befehl war meine Rettung, und ich lief davon, so schnell mich meine Füße tragen konnten. Noch einmal schaute ich mich nach dem Offizier um und sah, wie sein Lächeln mich begleitete. Einen ganzen Tag lang lief ich schnellen Schrittes, bis ich die Moldau überquerte und bei den Amerikanern landete. Das war ja auch mein Ziel. Doch dann wurde ich acht Tage später wieder an die Russen ausgeliefert. Mein Traum, schnell zu meinen Lieben nach Hause zu kommen, löste sich wie eine Seifenblase auf.

In einem großen Transport ging es ostwärts. Wenn ich an diese lange Fahrt denke, werde ich immer noch vom Grauen in diesen Viehwaggons gequält. Wir befanden uns auf dem Weg zum Balkan. Mehreren zehntausend Gefangenen wurde der Gedanke an eine Heimkehr plötzlich geraubt.

Nach acht Monaten des Hungerns, der qualvollen Enge und Verzweiflung wollte ich nur noch heraus aus dem Lager, wollte arbeiten und frische Luft atmen. Den Zwang, ständig zu Verhören gebracht zu werden, war ich leid. Und wirklich, mein Wunsch ging in Erfüllung. Ich wurde einer Arbeitskolonie zugeteilt. Auf meiner wattierten Jacke trug ich das Zeichen „zwei". Mit dieser Nummer gehörte ich nun zu den Holzfällern und musste in den Karpaten große Bäume fällen. Das war eine Kräfte raubende Schinderei, aber endlich konnte ich mich frei bewegen. Hatte ich meine Norm bei der Arbeit erfüllt, dann erhielt ich auch ein reichlicheres Essen und gewann den Eindruck: Endlich geht es aufwärts mit mir.

Aber dann geriet ich in eine Falle. Ich hatte etwa ein Kilo rostiger Nägel in der Hand und wollte sie in einem Wirtshaus gegen eine Karaffe Wein eintauschen. Der Wirt kam und stellte mir das Getränk auf den Tisch. Plötzlich merkte ich, dass hinter mir ein Wachmann stand, nach dem Wein griff und ihn austrank. Es war uns Gefangenen aufs Strengste verboten, mit der rumänischen oder russischen Bevölkerung Handel zu treiben. Der Bewacher nahm mich sofort mit zum Ortskommandanten. Was würde nun mit mir geschehen? Musste ich wieder zurück in das berüchtigte Lager?

Mit strengem Blick schaute mich der Bewacher an. Aus der Schublade holte der Kommandant mein deutsches Soldbuch hervor und legte es mir in die Hände. Ich durfte es an mich nehmen. Plötzlich gingen mir die Augen auf. Vor mir stand mein Retter von damals aus dem tschechischen Dorf. Er lächelte mich sogar an und ich merkte, wie sehr er sich freute, mich wiederzusehen. Mir war zumute, als fiele mir ein schwerer Stein vom

Herzen. Er belehrte mich mit kurzen, aber freundlichen Worten und machte mich auf mein Vergehen aufmerksam. Dann musste ich meine Sachen holen. Als ich zurückkam, führte er mich in ein kleines Schlafquartier. Träumte ich, oder war es wirklich wahr? Mir wurde so leicht ums Herz. Ich wurde nun zum Ordonnanzhelfer bei dem russischen Oberleutnant befördert. Ich erhielt eine neue Aufgabe und musste nicht mehr Bäume fällen. Von morgens bis abends war ich beschäftigt und war dankbar, dass mein Oberleutnant mit meinem Einsatz zufrieden war. Überall hin wurde ich mitgenommen, sogar zu Hochzeiten und anderen Festlichkeiten. Ich staune noch heute, wie sehr er mir beistand. Manchmal erzählte er den russischen und rumänischen Offizieren von seiner Begegnung mit den Partisanen. Auf seinem Gesicht spiegelten sich die traurigen, aber auch fröhlichen Erfahrungen wider.

In dieser Zeit genoss ich ein Stück Freiheit, und öfters bewegte mich die Frage, ob ich mich nicht aus der Gefangenschaft absetzen sollte. Ich hätte mich leicht nach Griechenland begeben können. Und doch fürchtete ich mich davor, großen Gefahren ausgesetzt zu sein und vielleicht sogar bei einem Fluchtversuch erschossen zu werden. Ich war ja noch so jung, gerade mal 25 Jahre alt, und wollte doch unbedingt noch leben. Nach unserem Zusammenbruch 1945 hatte ich fast alle Tragödien eines verlorenen Krieges erfahren. Und so beschloss ich, die Rolle eines Gefangenen bis zu meiner Entlassung weiter zu ertragen.

Aber dann geriet ich in einen schrecklichen Unfall hinein. Wir waren gerade mit einem LKW auf der Rückfahrt eines Einsatzes. Unser russischer Fahrer verfehlte in der Dunkelheit eine große Talbrücke und wir stürzten 20 Meter in die Tiefe. Der Lastwagen brach total auseinander und der Fahrer war auf der Stelle tot. Ich selbst war schwerverletzt. Nur der Oberleutnant überstand dieses Unglück glimpflich. Das konnte ich gerade noch bemerken, ehe ich bewusstlos wurde. Das war das letzte Mal, dass ich meinen Retter sah. Niemals mehr ist mir dieser liebenswerte und sympathische Mensch wieder begegnet.

Ich wurde ins Gefangenenhospital eingeliefert. Erst nach Tagen erfuhr ich vom deutschen Chefarzt, dass der Oberleutnant mich nach dem schweren Unfall in einem Ochsenkarren in das Lazarett gebracht hatte. Es lag etwa 20 Kilometer von der Unfallstelle entfernt. Gerade noch rechtzeitig konnten mich die Ärzte operieren und mein Leben retten. Hätte sich mein Chef nicht so intensiv um mich gekümmert, dann wäre ich an dem Fluss dort langsam verblutet. Später wollte er mich sogar noch besuchen. In seiner Tasche hatte er Wein und Speck für mich verstaut. Leider teilte man ihm durch ein Versehen mit, ich sei schon verstorben. Darüber war er sehr traurig und niedergeschlagen. Den Kameraden vom Holzfällerteam überbrachte er noch die Nachricht von meinem Tod. Einer von ihnen erzählte mir später von seiner tiefen Betroffenheit.

Vier Jahre musste ich noch in Gefangenschaft bleiben. Dann aber schlug auch für mich die Stunde der Heimkehr zu meinen Lieben. Meinen Oberleutnant aber werde ich nie vergessen, denn er hat mir zweimal das Leben gerettet. So danke ich Gott, dass er mir in meinen größten Nöten und Gefahren einen solch treuen und liebevollen Mann an die Seite gestellt hatte.

# Henning von Tresckow, ein mutiger Zeuge

Von Henning von Tresckow will ich berichten. Er war Generalmajor und befehligte deutsche Soldaten im Kampf gegen die russische Armee. Schon in jungen Jahren fand er zum Glauben an Gott und bezeugte ihn auch ohne Furcht beim Militär. Das Oberkommando des Heeres hatte 1942 ausdrücklich verboten, christliche Weihnachtsfeiern bei der kämpfenden Truppe abzuhalten. Noch nicht einmal die alten christlichen Weihnachtslieder durften gesungen werden. Ein neues Lied „Hohe Nacht der klaren Sterne" wurde nun gedichtet und noch einige andere. Über diesem Verbot wachten SS-Offiziere, damit die neuen Verordnungen eingehalten wurden. Es war schon eine große Überraschung, als der Generalmajor Henning von Tresckow, begleitet von anderen hohen Persönlichkeiten des Heeres, schweigend das Kasino betrat. Als erster Offizier des Stabes las Henning von Tresckow seinen Kameraden das Weihnachtsevangelium vor, wie er das auch immer in seiner Familie vor dem Krieg zur Feier des Heiligabends gewohnt war. Generalfeldmarschall von Kluge, der sonst nie zu solchen Feierlichkeiten erschien, war durch Tresckow darüber unterrichtet worden. Auch er kam am Weihnachtsabend ins Kasino, um seinem Offizier und den Soldaten den Rücken zu stärken und ihnen Mut zuzusprechen, was er sonst noch nie zuvor getan hatte. Und dann feierten die Soldaten mit ihren Heerführern ein wunderschönes Weihnachtsfest, bei dem die Geburt des Kindes in der Krippe, des Retters und Erlösers für sein Volk, tapfer verkündigt wurde. Es war wirklich ein schönes und doch seltenes Fest, das alle Verbote der obersten Heeresleitung außer Acht ließ.

Von Tresckow war ein mutiger Christ. Er war in seinem Handeln verantwortungsvoll und entschlossen. Er liebte den Frieden, weil er als junger Mensch den Ersten Weltkrieg erlebt und durchlitten hatte. Schon mit sechzehn Jahren hatte er sich als Freiwilliger gemeldet und hatte als Unterleutnant im berühmt gewordenen Garderegiment der Infanterie an der Westfront in Frankreich gekämpft. Als der Krieg sich dem Ende neigte und er den verlustreichen Rückzug mit all den Leiden und dem Tod auf dem Schlachtfeld erlebte, war er bis ins Innerste ergriffen. Er erkannte, wie dieser Krieg auch der Bevölkerung in der Heimat zusetzte.

Im Zweiten Weltkrieg wurde er wieder an der Front eingesetzt, diesmal in Russland. Er wurde erster Offizier im Heeresgruppenstab Mitte. Schon bald erfuhr er von schrecklichen Gräueltaten an der jüdischen Bevölkerung durch die SS. Dadurch reifte in ihm der Entschluss, sich den Widerständlern gegen Adolf Hitler anzuschließen. Jüngere Offiziere scharte er um sich und überlegte, wie er den Führer des verbrecherischen Regimes töten könnte. So wurde er in der Wehrmacht der Kopf dieses Unternehmens. Mehrmals versuchte diese Widerstandsgruppe ein Attentat auf Hitler durchzuführen. Ein Beispiel will ich hier anführen:

Von Tresckow gewann seinen Neffen Philipp von Schlabrendorff, der sein Ordonnanzoffizier war, zu solch verantwortungsvollem Handeln. Von Beruf war er früher Rechtsanwalt gewesen. Er erkannte die Schieflage von Recht und Gerechtigkeit im Dritten Reich. So war z. B. von der obersten Heeresleitung der Befehl ergangen, russische Gefangene nach ihrer Festnahme sofort zu erschießen. Das war ein grausamer Befehl, dem sich von Tresckow verweigerte. Von Schlabrendorff unterstützte ihn darin, sodass der General keine Folgen seiner Widersetzung der Anordnung zu fürchten brauchte. Und auch andere Mitarbeiter, die sich zu Jesus Christus bekannten, hielten zu ihm. Diese Gruppe, die im Widerstand gegen Adolf Hitler engagiert war, wuchs in den kommenden Monaten zu einer Einheit zusammen, als die Offiziere erkennen mussten, dass der Krieg gegen Russland nicht mehr zu gewinnen war und die Unterdrückung der russischen Juden zunahm. Sie bestand aus fünfzehn zuverlässigen Verschwörern in der Wehrmacht.

Drei Attentatsversuche wurden unternommen, die aber alle misslangen. Hitler lebte sehr abgeschirmt in seinem Hauptquartier in der Wolfsschanze in Ostpreußen. Nur eine Handvoll von Offizieren hatte Zugang zu ihm. Für die anderen Wehrmachtsangehörigen war es sehr schwer, mit dem Diktator in Kontakt zu kommen und ein Attentat auf ihn auszuüben. Vor jeder Begegnung mit dem Führer musste man zuvor Koppel und

Pistole abgeben. Aber von Tresckow kam auf die Idee, Hitler zu einem Besuch an die Ostfront einzuladen und dann einen Anschlag auf ihn zu unternehmen.

Alles war gut durchdacht, und dennoch war es fraglich, ob der Führer wirklich kommen würde. Die Widerstandsgruppe war entschlossen, den Führer durch eine Bombe zu töten, die bei seinem Heimflug in sein Flugzeug geschmuggelt werden sollte. Ein Attentat mit einer Pistole war kaum möglich, da der Diktator immer unter seiner Uniform eine kugelsichere Weste trug und seine Mütze mit Metall gefüttert war. So wurde dieser Plan mit der Bombe ausgeheckt. Unter einem Vorwand sollte sie in einer kleinen Holzkiste in die Maschine gebracht werden. Von Schlabrendorff übergab angeblich zwei Flaschen französischen Cognac für seinen Freund Helmut Stieff, gegen den er angeblich eine Wette verloren hatte und dem er deshalb noch das ausgemachte Geschenk schuldete. Der Oberst, der für die Sicherheit im Flugzeug verantwortlich war, schöpfte keinen Verdacht und nahm das Kistchen mit der Bombe an. Der Zeitzünder war so eingestellt, dass die Explosion die Maschine über Minsk abstürzen lassen sollte.

Die Enttäuschung war sehr groß, als die Widerständler über Funk erfuhren, dass das Flugzeug des Führers sicher und ohne einen Zwischenfall im ostpreußischen Rastenburg gelandet war. Wie hatte dies nur geschehen können? Von Schlabrendorffs Leben stand auf dem Spiel. Nun musste ganz schnell gehandelt werden, um das Kistchen wieder aus dem Flugzeug zu holen. Um keinen Verdacht zu erregen, bestieg von Schlabrendorff die normale Kuriermaschine schon sehr früh am Morgen und landete zwei Stunden später auf dem Fugplatz, auf dem zuvor Hitler auch ausgestiegen war. Ruhig und ganz gelassen suchte er den Piloten auf und ließ sich die Kiste mit der Bombe wieder aushändigen. Es sei ihm ein Fehler unterlaufen. Darauf tauschte dieser die Bombe gegen zwei Cognacflaschen aus. Eine spätere Untersuchung ergab, dass durch die eisigen Temperaturen im Stauraum der Maschine die Zündung nicht reagiert hatte und es so nicht zur Explosion kommen konnte.

Es wurden mehrere Attentatsversuche auf Hitler unternommen. Der letzte am 20. Juli

1944 durch Graf von Stauffenberg. Aber immer kam der Diktator mit dem Leben davon. Hitler brüstete sich später damit, dass er unter einer besonderen bewahrenden Macht des Himmels stünde. Die Vorsehung habe ihn vor dem feigen Anschlag geschützt, war dann in den Zeitungen zu lesen. Als das Attentat vom 20. Juli misslang, kostete dies hernach viele Menschen das Leben. Roland Freisler, der Vorsitzende des Volksgerichtshofs, war ein gemeiner und unerbittlicher Richter. Er schickte 164 tapfere Männer in den Tod, bis er selbst bei einem Bombenangriff in Berlin ums Leben kam. Ein herabstürzender Balken im Gerichtsgebäude erschlug ihn. Sein plötzlicher Tod bewahrte von Schlabrendorff vor der Hinrichtung, die für einen Tag später angesetzt war.

Henning von Tresckow wusste nach dem 20. Juli, dass er nun auch mit seinem Tod rechnen musste. So entschloss er sich, Selbstmord zu begehen. Ganz allein ging er in eine öde Gegend und täuschte mit Hilfe zweier Pistolen einen Schusswechsel mit dem russischen Feind vor. Mit einer Handgranate sprengte er sich in die Luft. Die Nachricht von seinem Tod hat die 2. Armee tief erschüttert. Seine Leiche wurde in das Hauptquartier gebracht und ihm wurde eine ehrenvolle Trauerfeier ausgerichtet. Man ging davon aus, dass er im Krieg gefallen sei. Erst viel später vermutete die Gestapo, er sei zu den Russen übergelaufen und man habe in den Sarg einen sowjetischen Toten gelegt. Daraufhin wurde das Grab noch einmal geöffnet und der Sarg nach Sachsenhausen bei Oranienburg überführt. Er wurde aufgebrochen und die Gestapo erkannte, dass der Tote niemand anders war als von Tresckow. Daraufhin wurde sein Leiche im Krematorium des Konzentrationslagers verbrannt.

Ein Leben, das von der Treue zum deutschen Volk und vom Glauben an Christus geprägt war, endete auf solch schreckliche Weise. Aber für Christen gilt die Auferstehung der Toten und ein Leben in Gottes Herrlichkeit. Und darin liegt unser Trost.

# Die Rettung einer Alkoholkranken

Vor einigen Jahren lernte ich Elvira Kern kennen. Sie litt unter drastischen Zuständen in ihrem Leben und wusste nicht, wie sie ihre Probleme bewältigen sollte. Sie war Schauspielerin, aber das Alter hatte ihr mächtig zugesetzt und sie erhielt keine Theaterrollen mehr. Bildhübsch war sie noch immer und in ihrem Fach gut ausgebildet. Aber körperlich war sie nach einer gefährlichen Grippe recht schwach geworden. Sie litt schrecklich unter dem Verlust, nicht mehr auf der Bühne stehen zu können, und geriet in schlimme Depressionen hinein. In ihrer Mutlosigkeit und Verzagtheit versuchte sie, ihre Probleme im Alkohol zu ertränken. Viel zu spät merkte sie, wie tief sie dadurch in eine gefährliche Falle gestürzt war. Eine Therapie hielt sie nicht durch, sondern brach sie nach kurzer Zeit wieder ab. Darüber war sie so verzweifelt, dass sie in dieser aussichtslosen Situation einen Selbstmordversuch unternahm. Sie stürzte sich aus dem dritten Stock eines

Hauses und blieb schwerverletzt auf dem Dach eines Autos liegen, das gerade unter das Fenster gefahren war. Monatelang lag sie in der Chirurgie, bis alle Brüche geheilt waren. Anschließend wurde sie in die Psychiatrie verlegt. Dort sollte sie versuchen, ihre Depressionen zu bewältigen.

Als sie entlassen werden sollte, wurde ich angerufen und gefragt, ob wir Elvira nicht zu uns nehmen könnten. Sie brauchte ein neues Zuhause und einen mitfühlenden Menschen an ihrer Seite. Ich konnte mich diesem Auftrag nicht entziehen, sprach mit meinem Mann, und so zog Elvira bei uns ein. Die Depressionen setzten ihr schwer zu und die Sucht zog sie immer wieder in ihren Bann. Als ich einmal in ihrer Etage das Bad putzte, fand ich eine Flasche Wodka im Spülkasten der Toilette versteckt. Ich versuchte daraufhin, liebevoll mit ihr zu sprechen. Oft bat sie mich auch darum, für sie zu beten. Dreimal nahmen wir sie mit zu einer christlichen Lehrerfreizeit, bei der mein Mann eine Reihe Vorträge hielt. Allein hätten wir sie nicht in unserem Haus zurücklassen wollen. So buchten wir in dieser Tagungsstätte ein einfaches Zimmer für sie. Darüber freute sie sich sehr. Da sie eine gebildete Frau und in der Literatur bewandert war, schätzte sie die Unterhaltung mit den übrigen Teilnehmern bei den Mahlzeiten und auch auf den Spaziergängen. Die freundliche Aufnahme in dieser Lehrerfreizeit half ihr dabei, ihre Würde und Achtung wiederzufinden. Sie merkte, dass sie doch noch im Leben eine Chance hatte, anerkannt zu werden.

Die Minderwertigkeitsgefühle hatten ihr nämlich sehr zugesetzt. Wie gut tat es ihr, als sie spürte, dass sie in Gottes Augen wert geachtet war und auch die Teilnehmer sie liebten. In dieser Freizeit fand sie auch einen hilfsbereiten Pfarrer, der ihr ein guter Seelsorger wurde und ein ernsthaftes Gespräch mit ihr führte. Sie konnte sich neu auf ihren Wert besinnen, den sie bei Gott hat. Ein gesundes Selbstbewusstsein gab ihr die Kraft, dem Alkohol zu entsagen.

Mir wurde klar: Elvira braucht auch eine passende Aufgabe. Auch wenn sie nun nicht mehr auf der Bühne des Schauspielhauses in Dresden stehen konnte, waren ihre Gaben doch erhalten geblieben. Im Sprechen war sie sehr gut ausgebildet worden und Gott gab mir hilfreiche Gedanken ins Herz. So fand ich in der christlichen Blindenhörbücherei eine passende Stelle für sie. Vormittags bereitete sie sich in ihrem Zimmer auf die Texte vor, die sie dann am Nachmittag zwei Stunden lang aufs Band sprach. Ihr klangvolles Reden hat bei den Blinden Anklang gefunden. Einige Hörer riefen sie auch an, grüßten sie freundlich und bedankten sich bei ihr. Das Lob hat sie sehr ermutigt.

Ein besonderer Vorteil war es für Elvira, dass sie aus den christlichen Büchern selbst einen großen Gewinn zog. Die Sucht ließ sich zwar nicht so schnell überwinden, aber nach etwa zwei Jahren wurde sie zu einer trockenen Alkoholikerin, wie es in der Fachsprache heißt. Eigentlich hatte ich Elvira nur für kurze Zeit in das Zimmer unseres Sohnes aufgenommen, der in Tübingen studierte, aber Matthias ist nie wieder in sein Apartment eingezogen. Ich habe ihm eine neue Wohnmöglichkeit schaffen müssen. Elvira blieb sieben Jahre unser Gast. Zwischen uns entwickelte sich im Lauf der Zeit eine herzliche Freundschaft. Oft saß sie bei uns in der Küche. Sie unterhielt sich mit mir, während ich Marmelade kochte. Manchmal spülte sie mir auch das Geschirr und hernach falteten wir miteinander die Hände oder lasen zusammen einen Psalm.

An einem Morgen kam sie aus der Stadt und stand hilflos vor mir. Sie war von heftigen Schmerzen geplagt und ich musste den Notarzt anrufen. Mit einem Krankenwagen wurde sie sofort in die Klinik gebracht und noch am gleichen Abend operiert. Täglich stand ich an ihrem Bett, aber sie ahnte schon, dass ihre letzten Tage gekommen waren. Auch der Arzt konnte ihr nicht viel Hoffnung machen. Ihre Leber war durch die Sucht fast ganz zerstört. Schon nach einer Woche holte sie Gott in sein himmlisches Reich. Da sie gar keine Angehörigen hatte, sorgte ich für eine würdevolle Beerdigung. In ihrem Nachtschrank fand ich ihr Stammbuch, das ich für das Standesamt benötigte. Oben auf lag ein großes Blatt, das sie mit kunstvollen Lettern beschrieben hatte. Dort hatte sie die tröstenden Worte des Propheten Jesaja aufgeschrieben: „Fürchte dich nicht, denn ich habe dich erlöst; ich habe dich bei deinem Namen gerufen; du bist mein! Denn so du durchs Wasser gehst, will ich bei dir sein, dass dich die Ströme nicht ersäufen können; und so du ins Feuer gehst, sollst du nicht brennen, und die Flamme soll dich nicht versengen. Denn ich bin der Herr, dein Gott, der Heilige in Israel, dein Heiland. [...] Weil du in meinen Augen so wertgeachtet bist, musst du auch herrlich sein, und ich habe dich lieb" (Jesaja 43,1-3).

Für mich wurden diese ermutigenden Worte zu einem Vermächtnis und auf der Beerdigungsfeier hielt der Pfarrer die Predigt über diese Worte des Propheten Jesaja. Das ist Gottes wunderbares Tun. Er richtet zerbrochene Menschen wieder auf und kann sie auch nach einem heftigen Kampf aus der Sucht herausführen. Er leitet sie in seine Herrlichkeit und erwartet sie schon am Himmelstor.

Nun muss ich aber noch einen Nachsatz hinzufügen. Neben diesem Gotteswort hatte sie in kleiner Schrift mit einem Bleistift notiert: „Dieses Wort von Gott tröstet mich, wenn ich doch wieder zum Alkohol gegriffen habe. Neu darf ich erleben, dass der Herr mich nicht verwirft, sondern mir seine Liebe wieder schenkt."

# EIN LIEBER GEBURTSTAGSBRIEF

Am dritten Januar hat der Postbote immer viele Briefe bei mir abzuliefern. Fast kann ich es nicht erwarten, bis ich sie alle geöffnet habe. Wie sehr freut mich ihr Inhalt, wenn liebe Menschen an meinen Ehrentag denken. Einen will ich hier wiedergeben:

„Liebe Frau Bormuth,
jedes Lebensjahr bringt immer Beglückendes und Bedrängendes. So war es sicher auch in Ihrem letzten Lebensjahr und so wird es auch im nächsten wieder sein.

Schon deshalb lohnt es sich, am Geburtstag einmal innezuhalten und dem nachzuspüren, was alles im letzten Jahr lag. Für alles Geglückte und Schöne sagen wir gern: Danke, Gott!

Für alles, was uns Angst gemacht und bedrängt hat, brauchten wir Trost und Hoffnung. Wie gut, dass wir mit Jochen Klepper beten und glauben können:

*„Der du die Zeit in Händen hast,*
*Herr, nimm auch dieses Jahres Last*
*und wandle sie in Segen."*

Was ist das für eine wohltuende Perspektive. Von der Last zum Segen verwandeln, das kann nur Jesus. Das ist Trost und Hoffnung auch für das neue Lebensjahr.
Wir dürfen Gott an seine Barmherzigkeit und Segensverheißungen erinnern und ihm das Vergangene und auch das Zukünftige hinlegen. Er wird es verwandeln, sodass wir beim Rückblick immer seine Liebe und Treue entdecken und in der Vorausschau auf seine Gnade vertrauen können.
Wir befehlen Sie für das neue Lebensjahr Gottes Fürsorge und Freundlichkeit an.
Herzliche Glückwünsche und Gottes Segen für Ihr neues Lebensjahr.
Viele Grüße aus der Studien- und Lebensgemeinschaft Tabor in Marburg.
Ihr Matthias Frey."

# Janina und ihre Probleme

Kaum war mein Ehrentag vorbei, da erlebte ich eine große Enttäuschung. Fünf Jahre hatte Janina bei uns gewohnt. Sie war noch eine recht junge Mutter mit einem kleinen, hübschen Baby. Sein Name war Maximilian, aber sie nannte ihren Sohn nur Maxi. Da die Mutter nicht in der Lage war, sich ausreichend um ihr Kind zu kümmern, kam Max zu Pflegeeltern. Es war wirklich eine sehr nette Familie, die in rührender Weise für den Jungen sorgte. Nur einmal in der Woche durfte Janina den Säugling holen und am Nachmittag mit ihm spazieren fahren. Abends brachte sie Maxi wieder nach Hause. Sie hätte ihr Kind gerne bei sich behalten, aber dies wurde ihr vom Jugendamt verwehrt.

Sie selbst kam aus schwierigen Familienverhältnissen und hatte nie gelernt, mit ihrem Baby verantwortungsvoll umzugehen. Ich führte so manches Gespräch mit Janina und versuchte, ihr immer wieder deutlich zu machen, dass es ihr kleiner Sohn bei Familie Springer sehr gut hat. Es war auch ein goldiges Kind, dem es an nichts fehlte. Janina hätte ihren kleinen Sohn nie recht versorgen können. So blieb das Kind bei der Pflegefamilie, wuchs und gedieh wunderbar.

Das Zusammenleben mit Janina war nicht gerade einfach. Mindestens fünfmal im Jahr klingelte sie uns mitten in der Nacht aus dem Schlaf und bat uns, sie in ihre Wohnung zu lassen, da sie den Hausschlüssel bei ihrem Freund hatte liegen lassen.

Mit der Ordnung nahm sie es auch nicht so genau. An manchen Tagen stand ihr Kleiderschrank fast leer im Raum und die Kleider, Handtücher und ihre Wäsche lagen auf den Stühlen, dem Bett oder auf dem Boden herum. Ihr schmutziges Geschirr stand tagelang in der Spüle. Außerdem hatte sie große Schwierigkeiten, mit ihrem Geld sparsam umzugehen. Erst als sie eine staatlich anerkannte Betreuerin erhielt, kam sie mit ihren Finanzen besser zurecht. Alle zwei Wochen wurden sie ihr durch das Sozialamt zugeteilt. Oft kam sie gegen Ende des Monats zu mir und bat um Kaffee, Öl, Brot, Butter und Kartoffeln. Sie klopfte nie vergeblich an meine Tür, sondern ich gab ihr alles, was sie brauchte. Nur Geld drückte ich ihr nicht in die Hand, wenn ihr Portemonnaie leer war. Denn mit der Rückgabe nahm sie es nicht so genau.

Nach fünf Jahren lernte sie einen jungen Mann kennen, der ihr versprach, sie zu heiraten. Jetzt sah ich Janina nur noch selten, da sie viel Zeit bei ihrem spanischen Freund verbrachte. Als ich ihr zwei Monate lang überhaupt nicht begegnete, erkundigte ich mich bei ihrer Betreuerin nach ihrem Verbleib. Außerdem war die Miete für Oktober und November bei uns nicht eingegangen. Die Antwort der Betreuerin schockierte mich: „Ja, wissen Sie denn gar nicht, dass Janina vor zweieinhalb Monaten bei Ihnen ausgezogen ist und nun bei ihrem Freund lebt?"

Darüber hatte Janina nie mit mir gesprochen und es war mir auch unverständlich, warum die Betreuerin nie eine Kündigung eingereicht hatte. Vertraglich war eine dreimonatige Kündigungsfrist festgesetzt worden. Die fehlende Miete konnte mir die Betreuerin nicht überweisen, da Janina nicht mehr unter ihrer Obhut stand. Dieser plötzliche Auszug stimmte mich recht ärgerlich.

Als ich mit einem Zweitschlüssel die Tür

öffnete, um mir Klarheit zu verschaffen, packte mich das blanke Entsetzen. Die Wohnung war total zugemüllt und alles darin sah chaotisch aus. Katzenfutter, leere Flaschen, alte Kleider und Schuhe lagen auf dem Fußboden herum. Alles, was sie nicht mehr gebrauchen konnte, hatte sie bei uns liegen lassen. Die Wände waren mit dem Namen ihres Liebhabers in Großbuchstaben verziert. Dabei hatten wir ihr Zimmer vor dem Einzug frisch gestrichen. Die Matratze lag auf der Erde und das Bettgestell stand kaputt an der Wand. Stühle, einen Tisch und ein kleines Schränkchen – die Möbel gehörten uns – hatte sie zu ihrem Freund mitgenommen. Meine Enttäuschung steigerte sich zur Wut. Ich versuchte herauszufinden, wohin Janina gezogen war, aber ihre neue Adresse konnten wir nicht entdecken. Auch die Hausschlüssel hatte sie nicht zurückgegeben.

Dankbar bin ich meinem Mann, der in solchen Situationen die Ruhe bewahrt: „Lotte, reg dich nicht auf, atme tief durch und beruhige dich. Ich helfe dir, die Wohnung vom Müll zu befreien, und ich werde sehen, wie wir das Zimmer neu möblieren." Zwei Tage hatten wir zu tun, bis wir alles sauber gemacht und mein Mann die ausrangierten Sachen mit dem Auto zur Mülldeponie gebracht hatte. Das Streichen wollten wir etwas später übernehmen, wenn uns einer der Enkel behilflich sein konnte.

Aber nun will ich auch noch etwas Erfreuliches berichten. Wenige Tage nach meinem Ehrentag und der Enttäuschung über den plötzlichen Auszug von Janina rief mich eine Bekannte an und wollte mir gerne einige Möbelstücke überlassen. Ihr Sohn werde ausziehen und wolle seine Sachen nicht mitnehmen. Sie sei sehr froh, wenn wir Verwendung für die Möbel hätten, denn für die Sperrmüllabfuhr seien Bett, Tisch und Schrank viel zu schade. Diese Möbel seien noch gar nicht alt. Schon am gleichen Abend holte unser Sohn diese geschenkten Sachen ab. Nun war alles sogar noch schöner möbliert als zuvor. Und einen neuen Mieter fanden wir auch schnell: eine junge schwangere Flüchtlingsfrau aus Somalia, die im März ihr erstes Kind erwartete.

So erlebe ich beides: Enttäuschendes und Beglückendes, wie es in meinem Geburtstagsbrief ausgedrückt war. Mein Ärger verwandelte sich dann in Dankbarkeit und Freude.

# LEBEN HEISST BEGEGNUNG

Es gibt Zusammentreffen, die uns durch unser ganzes Leben begleiten. So erging es auch den Jüngern mit dem besten Freund Jesus an ihrer Seite. Ich denke an den Tag, da sie zum Fischen an das Meer bei Tiberias gekommen waren. Ihre Lage war total hoffnungslos. Stürmische Zeiten lagen hinter ihnen. Sie waren in die schweren Leidenswege ihres Herrn hineingestellt worden und hatten zusehen müssen, welch entsetzliches Elend Jesus ertragen musste. Er hatte sie darauf vorbereiten wollen, aber sie hatten sein Reden nicht begriffen. Sie ahnten lange nicht, was ihrem Herrn und Meister alles zustoßen würde. Gerade Petrus bäumte sich dagegen auf, als Jesus dem Jüngerkreis von seinem Leiden und schließlich von seinem Tod erzählt hatte. Ihr Herr aber wollte sie nicht unvorbereitet in seine schwere Verfolgung und Kreuzigung hineinschicken. Innerlich sollten sie an seinem Erlösungswerk teilhaben und begreifen, was auf ihn zukam. Schon der Kampf in Gethsemane hatte ihn in notvolle Anfechtungen geführt. Die Reaktion von Petrus aber war, dass er aufbegehrte und sagte: „Das widerfahre dir ja nicht!" Dann folgte Jesu Gefangennahme durch den Verrat des Judas und die Verleugnung durch Petrus am Hof des Hohenpriesters, als eine Magd auf ihn zukam und ihm vorwarf: „Du gehörst auch zu der Schar, die Jesus von Nazareth gefolgt ist." Dreimal wehrte er sich und schrie laut auf: „Ich kenne diesen Menschen nicht!" Es war seine Angst und Feigheit, die ihn zu solch verräterischem Handeln getrieben hatte.

Die Jünger hatten die Verurteilung Jesu zum Tode anhören müssen; und schließlich folgte dann auch seine Kreuzigung auf Golgatha. Allein waren sie zurückgeblieben, ohne ihren besten Freund und Heiland. Sie waren verzweifelt. Gewiss hatten sie die Geschichte von seiner Auferstehung auch vernommen. Einigen Frauen war Jesus begegnet und auch zwei Jüngern, die auf dem Weg nach Emmaus sogar ein Stück mit ihm gegangen waren. Sie hatten gemeinsam gegessen, und erst an der Art, wie er das Brot gebrochen und Gott gedankt hatte, hatten sie ihn als ihren Retter und Erlöser erkannt.

Das waren besondere Höhepunkte in ihrem Leben gewesen. Und doch gab es immer wieder Situationen, in denen sie trostlos und entmutigt ihres Weges gingen. Sie gerieten regelrecht in die Verzweiflung hinein.

Und nun kam es beim Fischfang, der in der Nacht zuvor so ergebnislos verlaufen war, zu einer Begegnung mit Jesus. Viele Stunden hatten sie sich abgemüht, und doch waren ihre Netze leer geblieben. Wie schlimm muss es ihnen bei diesem Misserfolg zumute gewesen sein. Und dann erwartete sie am Morgen einer, mit dem sie nie gerechnet hätten. Jesus stand am Ufer und erkannte sofort ihre Not.

Das ist es, was auch wir als Christen in unseren Bedrängnissen brauchen: einen Erlöser und Retter, der am Ufer auf uns wartet und uns herausreißen will aus allen Ängsten und Bedrückungen. Dieses Bild vom helfenden, wartenden Christus am Ufer sollten wir tief in uns verinnerlichen.

Er sprach die sieben Jünger an und traf genau ihre enttäuschte Situation: „Kinder, habt ihr nichts zu essen?" Schon das Wort *Kinder* will uns darauf hinweisen, dass auch wir einen haben, der uns nie aus den Augen verliert und dessen Liebe wir immer gewiss sein können. Wenn wir nicht ein noch aus wissen und das Wasser uns bis zum Hals steht, dann wartet er auch an unserem Ufer, sieht unsere Not, unsere Leere und unsere Bedürftigkeit. Er weiß immer einen Ausweg.

Jesus erteilte nun seinen Jüngern einen Auftrag. Die Jünger sollten das Netz zur Rechten auswerfen. Arbeit bewirkt auch immer Heilung. Wir werden aus unserem Nichtstun herausgerissen und dürfen uns etwas Sinnvollem stellen. Es ist für uns Christen äußerst gefährlich, wenn wir in erfolglosen Zeiten die Hände in den Schoß legen und nur noch unsere Wunden lecken. Aufstehen heißt dann die Devise, nicht in unserem Schmerz liegen bleiben, sondern uns neu in unseren von Gott auferlegten Dienst stellen. Die Aufträge, die uns Christus erteilt, sind klar umrissen und bergen Hoffnung in sich. Sie bringen hier die Jünger wieder in ihre Boote zurück. Wenn wir uns nicht an unsere Lethargie und Mutlosigkeit hingeben, dürfen wir wie die Jünger geistlich auferbaut werden und Erfolge erleben. Das durfte ich auch schon erleben.

Einer unserer Obdachlosen war sehr wankelmütig in seiner Art. In die Gottesdienste wollte er sich von mir nie gerne einladen lassen. Vor allen Dingen, wenn er wieder viel getrunken hatte, ließ er sich zu nichts bewegen. Oft schon wollte ich mein Bemühen, ihn unter Gottes Wort mitzunehmen, aufgeben. So trostlos sah es in mir aus. Aber ich danke meinem Herrn, der mir immer wieder zurief: „Lotte, wirf dein Netz aus! Auch wenn du denkst, dein Einsatz für diesen Alkoholiker sei vergeblich, mache ich dir Mut, dass auch er zum Glauben an mich finden wird. Habe Geduld mit Roland und gib nie auf! Denk doch an Michael! Er hat zu mir gefunden, obwohl auch er ein Quartalssäufer war. Gib nie auf und lade Roland immer wieder ein. Ich, dein Gott, bin stark und kann auch diesen Trinker von seiner Sucht befreien und ihn in meine Nachfolge berufen."

So erfahre ich Situationen an meinem „See Tiberias" – um bei diesem Bild zu bleiben –, wie stark die Kraft meines Erlösers ist. Die Welt kann ich nicht retten, aber einen einzigen Menschen kann ich durch das Eingreifen Jesu aus seinem Elend herausholen und ihm Hoffnung geben.

Aus dem Auftrag, den ihnen Jesus erteilte,

erkannten die Jünger: Es ist der Herr! Dass Jesus uns in seinen Dienst stellt, sollte uns die Erkenntnis vermitteln, dass wir es mit dem Gottessohn zu tun haben, dem alle Macht auf Erden gegeben ist. In welch hohe Berufung will er uns stellen. Das macht uns nicht hochmütig, sondern zutiefst demütig, denn wir wissen genau, wie schwach unser Glaube werden kann. Nur wer dem Auftrag seines Herrn gehorcht, erfährt auch die Krönung seines Tuns. Dazu sind aber auch unsere Geduld und unsere Zuverlässigkeit gefragt.

In unserer Geschichte konnten die Jünger das Wunder nicht fassen. Die Netze, die in der Nacht zuvor leer geblieben waren, füllten sich nun mit vielen Fischen. Sie wurden so schwer, dass es den Jüngern Mühe machte, sie an Land zu ziehen. Mir ist es nicht geschenkt, viele Fische an Land zu ziehen, aber zeigt sich nicht auch die Größe Jesu, wenn er eine Mutter mit mehreren Kindern, wie ich es bin, dazu gebraucht, auch nur einen Menschen mit Jesus bekannt machen zu können? Wunderbar ist jeder Mensch geschaffen, und Gott der Herr will sie alle an seiner Seite haben. Für alle hat er Aufträge bereit. Das habe ich selbst erlebt:

Vor etwa 55 Jahren traf ich zwei blinde Frauen, die ich in ihrer Jugend über sechs Jahre betreuen durfte. Damals kurz nach ihrer Konfirmation hatten Elisabeth und Marianne zu Jesus gefunden. Ich besuchte sie regelmäßig, las mit ihnen die Bibel, betete mit ihnen und holte sie zum Jugendkreis ab. Das war für mich immer ein weiter Weg, den ich zu gehen hatte. Aber dieser Einsatz hat sich gelohnt. Bei der Feier der goldenen Konfirmation begegneten wir uns wieder. Beide waren bei Jesus geblieben und hatten durch ihren Herrn eine glückliche Zeit erlebt, obwohl sie blind waren.

Als die Jünger mit ihren gefüllten Netzen an Land kamen, erfuhren sie ein zweites Wunder. Sie sahen ein Feuer, das Jesus für sie geschürt hatte. Der Gottessohn hatte selbst die Kohlen daraufgelegt, nahm die Fische in die Hand und legte sie aufs Feuer, um sie zu braten. Kein Dienst ist unserem Herrn und Heiland zu gering, den er zu tun bereit ist. Für mich ist Jesus ein wunderbares Beispiel der Demut und er ermutigt mich, es ihm gleichzutun. Aber leicht wird mir solcher Dienst nicht immer, wie die folgende Geschichte zeigt:

Nach reich gesegneten Tagen einer Osterfreizeit kehrte ich mit einem wunderbar geschmückten Geschenkkorb nach Hause zurück. Sofort bat mich mein Mann, nach Joachim zu schauen. Er habe schon seit Tagen nichts mehr von ihm gehört. Ich stieg die Treppe hoch und klopfte an seine Tür. Sie war verschlossen. Freundlich bat ich ihn, mir zu öffnen. Am liebsten wäre ich gleich hinterrücks wieder auf den Flur getreten. Ich war entsetzt von dem Gestank und der Unordnung in seinem Zimmer. Zum besseren Verständnis muss ich sagen, dass Joachim an einer schweren Nervenerkrankung litt. Er war schizophren und hatte oft große Ängste. So traute er sich an den Tagen, an denen ich nicht nach ihm schauen konnte, nicht aus seinem Zimmer. Noch nicht einmal die Toilette suchte er auf. In Tassen, Töpfen und Kaffeekannen fand ich seinen Urin. Die Wände und sein Bettzeug waren mit Kot bedeckt. Zum Glück schenkte mir Gott Gelassenheit, sodass ich ganz ruhig blieb: „Joachim, kommen Sie gleich zu mir", nahm ich ihn bei der Hand und führte ihn in unser Badezimmer. Sofort ließ ich Wasser in die Wanne laufen und brachte ihm frische

Wäsche von meinem Mann. „Joachim, das Bad wird Ihnen guttun. Steigen Sie gleich in die Wanne. Ich will schon mal in die Küche gehen und uns ein gutes Frühstück richten. Sie trinken doch gerne Kaffee." Er nickte und begann sich auszuziehen.

Nach einer Weile erschien er geschniegelt und gebügelt bei mir in der Küche und setzte sich an unseren Tisch. Hungrig war der junge Mann und die Wurst- und Käsebrote, die ich ihm auf einen Teller legte, mundeten ihm gut. Ich ließ ihn einen Augenblick allein und verschwand in meinem Arbeitszimmer. Zum Glück erreichte ich gleich seinen behandelnden Arzt in der Psychiatrie, gab ihm einen kurzen Bericht über seinen Patienten und der Doktor war bereit, Joachim auf seiner Station aufzunehmen. „Ich schicke Ihnen gleich die Polizei vorbei. Sie sollen den jungen Mann abholen."

Nun ging alles sehr schnell. Die Haustür hatte ich schon weit geöffnet. Als ich die beiden Polizisten in die Küche führte, flüchtete sich Joachim unter die Eckbank. „Kommen Sie nur heraus", beruhigte ich Joachim, „Sie dürfen wieder auf Ihrer Station Aufnahme finden. Ihr Arzt wartet auf Sie und Sie werden sogar mit dem Auto von diesen beiden netten Polizisten dorthin gebracht." Der junge Mann kam aus seinem Versteck hervor und stieg ins Auto. Nach drei Monaten guter medizinischer Behandlung ging es Joachim besser und er konnte wieder zu uns entlassen werden. Natürlich musste die ärztliche Betreuung weitergeführt werden. Alle drei Wochen erhielt er eine Spritze, die ihn etwas ruhigerstellte, sodass er sein Gleichgewicht wiederfand.

Nach dieser Osterfreizeit war ich damit beschäftigt, Joachims Zimmer zu reinigen und fünf Maschinen Wäsche zu waschen. Auch das ist Gottesdienst.

Die Begegnung Jesu mit seinen Jüngern fand ihre Fortsetzung in dem so wichtigen Gespräch mit Petrus. Jesus wusste um die Belastung, die seinen Jünger noch immer in seinem Herzen beschäftigte. Schließlich hatte er seinen Herrn und Meister dreimal verleugnet. Das war eine große Schuld für diesen Petrus. Allein konnte er sie nicht aus der Welt schaffen. Nur durch das heilsame Gespräch mit Jesus konnte ihm vergeben werden. Dazu wählte Jesus eine günstige Gelegenheit aus.

Nachdem sich die Jünger durch ihre Mahlzeit gestärkt fühlten, nahm Jesus Petrus ganz allein zu sich und begann mit ihm über seine Belastung zu sprechen. Petrus wusste genau, welches Problem er nun mit seinem Herrn klären musste. Jesus stellte ihm die Frage: „Simon Petrus, hast du mich lieber, denn diese mich haben?"

Die Antwort lautete: „Ja, Herr, du weißt, dass ich dich lieb habe." Nun erteilte ihm sein Herr einen hohen Auftrag: „Weide meine Schafe!" Insgesamt dreimal richtete der Herr diese Frage an Petrus, der schließlich antwortete: „Herr, du weißt alle Dinge, du weißt, dass ich dich lieb habe." Und auch der Auftrag, den Jesus ihm schon zweimal erteilt hatte, folgte nun noch einmal. Aber nun führte Jesus das Gespräch weiter aus: „Wahrlich, wahrlich, ich sage dir, als du jünger warst, gürtetest du dich selbst und wandeltest, wohin du wolltest. Wenn du aber alt wirst, wirst du deine Hände ausstrecken und ein anderer wird dich gürten und führen, wohin du nicht willst." Das sagte Jesus um anzuzeigen, mit welchem Tod Petrus Gott ehren würde.

Durch seinen Märtyrertod würde er eine

hohe Krönung bei Gott erfahren. Noch einmal gab ihm Jesus den Rat: „Folge mir nach!" Für Petrus war dieser Auftrag mit einer großartigen Ehrung verbunden. Er wird seinen Tod genau wie sein Herr in seinem Dienst erleiden.

# Paul Rabaut – ein treuer Hugenotte

Noch heute wissen wir um Christen, die ihre Nachfolge mit dem Einsatz ihres Lebens bezahlen. Auch in der Zeit des Dritten Reiches starben eine Reihe sehr wertvoller Menschen den Märtyrertod. Das erste Konzentrationslager, das die Nationalsozialisten in Dachau bauten, war der Pfarrerblock. Aber auch von anderen Verfolgten wissen wir aus der Geschichte, vor allen Dingen auch aus der Zeit, als die Hugenotten in Frankreich verfolgt und getötet wurden. Von einem ihrer Verkündiger und Leiter will ich berichten, der Jesus die Treue hielt, aber unter den politischen Bedrängnissen sehr zu leiden hatte. Es ist die bewegende Geschichte von Paul Rabaut.

Viel Mut bewies er, als er sich 1750 mitten in der Nacht in einem einsamen Ort zwischen Nîmes und Montpellier befand und die Kutsche eines königlichen Ministers anhielt. Er überreichte ihm eine Bittschrift von den Hugenotten, die in Frankreich vom König sehr bedrängt wurden. Ohne Angst zu zeigen, nannte er sogar seinen Namen, obwohl er im ganzen Land verfolgt wurde. Er war Prediger der evangelischen Christen, die in Frankreich nicht anerkannt waren, sondern in die katholische Kirche zurückgeführt werden sollten. Falls das nicht gelang, sollten sie ausgerottet werden. Nur heimlich in Wäldern und anderen Verstecken konnten sie sich versammeln und ihre Gottesdienste feiern.

Es war erstaunlich, dass der Minister Paul Rabaut nicht verhaften ließ, sondern seine Eingabe annahm und sie las. Aber eine Verbesserung der Lage für die verfolgten Christen ließ er nicht zu. Die Evangelischen waren vogelfrei und total rechtlos. Ihre Ehen wurden nicht anerkannt und oft nahm man ihnen ihre Kinder weg, damit sie nicht im evangelischen Glauben erzogen werden konnten. Veranstalteten sie am Sonntag einen Gottesdienst in Schluchten oder Einöden, dann riskierten sie ihr Leben. Viele, die in einer „Versammlung in der Wüste" ihre Feiern abgehalten hatten, wie sie ihre Gottesdienste nannten, schmachteten schon in den Gefängnissen oder mussten Sklavendienste auf den Galeeren ausüben. Oft riskierten die Evangelischen Kopf und Kragen, wenn sie erwischt wurden. Und doch war es erstaunlich, dass einige ihrer Prediger in großer Treue und unter Einsatz ihres Lebens den kleinen Gemeinden dienten. Wenn sie unterwegs waren, wurden sie immer verfolgt und durften auch nicht in den Häusern der Evangelischen eine Übernachtung finden, um diese Familien nicht zu gefährden. So irrten sie in diesem Land umher, stärkten ihre Gemeinden im Glauben an Christus und waren auch bereit, für ihren Herrn das Leben zu lassen.

Von Rabaut wissen wir, dass er unter sieben verschiedenen Namen unterwegs war. Reiste er als Frau, dann hieß er Jeanette. Auch als Tuchhändler und Hausierer gab er sich aus und trat so auf, wie diese sich kleideten. In seinen Briefen benutzte er eine Geheimsprache. So umschrieb er mit „starkes Tuch" seine jungen tapferen Mitarbeiter. „Halbstarkes Tuch" nannte er seine gläubigen Mädchen, und mit den „drei Bänden für die Bibliothek" meinte er seine drei noch lebenden Kinder.

Als er selbst noch ein kleiner Junge war, ging er den gefährlichen Weg zum Gottesdienst „in der Wüste" an der Hand seiner Mutter. Später begleitete er vier Jahre lang einen Prediger, um sich auf seinen zukünftigen Dienst vorzubereiten. Nachdem er seine theologischen Prüfungen bestanden hatte, wurde er in Nîmes zum Seelsorger eingesetzt. Von dort ging er in die Schweiz, um sich noch besser auf sein Amt vorzubereiten. In Lausanne wurde er ordiniert und dann zu seinem Predigtdienst in den verborgenen Gemeinden geschickt. Rabaut war sich seiner Gefährdung bewusst, war aber in seiner Aufgabe unerschrocken und tapfer. So konnte er sagen: „Was auch immer kommen mag, ich bleibe der Weisung, der Vorsehung unterworfen. Meine Hoffnung ist: Christus wird mein Gewinn im Leben und Sterben sein, und wenn Gott mich zum Martyrium rufen will, dann wird Christus mir die nötige Hilfe gewähren, dass ich es nicht nur mit Geduld, sondern mit Freuden ertrage."

Rabaut wusste um die Verlockungen der Bekehrer, die die Evangelischen an ihren katholischen Messen teilnehmen ließen, aber insgeheim nichts dagegenhatten, wenn sie ihren evangelischen Glauben beherzigten.

Aber Halbherzigkeit war für Rabaut ein Gräuel und deshalb ging er sie in seinen Predigten aufs Schärfste an. Ein Ausspruch von ihm ist uns überliefert: „Diese Märtyrer sind die Säulen der Kirche, der Ruhm der Christenheit, der Beweis der Wahrheit. Ihnen wird von ihrem Herrn und Bewahrer des Glaubens eine unvergängliche Krone beigelegt." Rabaut wusste sehr genau, wie groß die Versuchungen sind, Christus untreu zu werden. Aber ihm war bewusst, dass die Halbherzigen und Verzagten das Königreich Christi nicht ererben können.

Es war bekannt, dass auf den Kopf von Rabaut eine Prämie von 80000 Mark gesetzt war. Aber er blieb standhaft im Glauben an Jesus und durfte dann noch das Ende der Verfolgung in der Zeit der Französischen Revolution erleben. Klug, fest und entschlossen, aber dennoch besonnen führte er die Hugenottengemeinden durch die Zeiten der Verfolgung. Christen, die sich in waghalsige Unternehmen stürzen wollten, hielt er davon zurück und ermahnte sie auch immer dazu, für die Obrigkeit zu Gott zu beten, damit die Gottesdienste auch in Zeiten der Verfolgung abgehalten werden konnten. Im

Gesangbuch der Hugenotten ist ihnen Psalm
68 als Leitwort mitgegeben worden.

Durch deines Gottes Huld allein
kannst du geführt und sicher sein;
mein Volk, sieh seine Werke!
Herr, führ an uns und unserem Haus
dein Heil, dein Werk in Gnaden aus,
nur du bist unsere Stärke!

Dann sehen Herrscher deinen Ruhm
und werden in dein Heiligtum
dir ihre Gaben bringen,
sich dir, dem wahren Gotte, weih'n,
in deiner Gnade sich erfreun
und deinen Ruhm besingen.
Amen.

# GOTT SUCHT UNS

Ach wie gern bin ich immer nach Heiligengrabe gefahren. Dort haben die Schwestern
von Eva von Tiele-Winckler ihr Arbeitsfeld.
Sie nahmen sich vor allem gern der jungen
behinderten Menschen an und es war mir
immer zum Staunen, wie sie besonders den
Kindern zu Müttern wurden und sie mit
dem Evangelium bekannt machten.

Als ich zum ersten Mal ins Mutterhaus
eingeladen wurde, stellte mich die Oberin
vor eine schwierige Aufgabe. Ich sollte am
Samstagabend die Wochenschlussandacht
halten. Lange musste ich überlegen, wie ich
meinen Dienst ausführen könnte. Denn zu
diesem Gottesdienst waren alle eingeladen:
der Direktor, die Diakonissen, die freien
Mitarbeiter, die Gäste aus der Umgebung
und vor allem die behinderten jungen Menschen. Welchen Text sollte ich wählen? Wie
kann ich es erreichen, dass sich alle Besucher
vom Wort Gottes berührt wissen? Ich dachte
besonders an die Kleinen, unter denen eine
Reihe geistig schwacher Kinder waren. Lan-

ge überlegte ich, wie ich allen einen Gruß vom Vater im Himmel bringen könnte. Sowohl der Direktor als auch das schwächste Kind sollten von der Botschaft des Evangeliums gesegnet werden. So beschloss ich, mich bei der Verkündigung an den Kindern zu orientieren. Ihnen wollte ich die Freude an Gottes Wertschätzung und Barmherzigkeit deutlich machen. Wenn mir dies gut gelänge, würden auch die Erwachsenen in die Liebe des Schöpfers mit hineingenommen werden. Vor allen Dingen wollte ich ein fröhliches Wort Gottes weitersagen und in meinen Beispielgeschichten humorvoll sein.

Einer meiner Lieblingstexte steht in Jesaja 43,1-5. Er bildete die Grundlage meiner Andacht. Es gibt nichts Gewaltigeres, als von Gottes Erlösung und seiner Gnade berührt zu werden.

„Und nun spricht der Herr, der dich geschaffen hat, Jakob, und dich gemacht hat, Israel: Fürchte dich nicht, denn ich habe dich erlöst; ich habe dich bei deinem Namen gerufen; du bist mein!

Wenn du durch Wasser gehst, will ich bei dir sein, dass dich die Ströme nicht ersäufen sollen; und wenn du ins Feuer gehst, sollst du nicht brennen, und die Flamme soll dich nicht versengen.

Denn ich bin der Herr, dein Gott, der Heilige Israels, dein Heiland. Ich habe Ägypten für dich als Lösegeld gegeben, Kusch und Seba an deiner statt, weil du in meinen Augen so wert geachtet und auch herrlich bist und weil ich dich lieb habe. Ich gebe Menschen an deiner statt und Völker für dein Leben. So fürchte dich nun nicht, denn ich bin bei dir. Ich will vom Osten deine Kinder bringen und dich vom Westen her sammeln."

Das sollte der Tenor meiner Ansprache sein. Wer zum Gottessohn heimfindet, hat das größte und wunderbarste Glück empfangen. Von Natur aus laufen wir ja alle in die Irre wie Schafe, die keinen Hirten haben. Ich wählte dazu ein passendes Beispiel und erzählte von unserem Daniel:

Ich hatte den Vierjährigen am Nachmittag auf den Spielplatz gebracht, damit er sich vor dem Abendessen noch einmal tüchtig austoben sollte. Dort fand er auch genügend Kinder, die seine Freunde waren und mit denen er sich beim Schaukeln und Wippen vergnügen konnte. Bevor es dunkel wurde, wollte ich unsern Jüngsten wieder abholen. In der Winterzeit wird es ja schon recht früh dunkel und so ging ich kurz nach vier Uhr aus dem Haus. Aber wo blieb nur unser Jüngster? Nirgends konnte ich auf dem Spielplatz sein weißes Mützchen erkennen. Laut rief ich seinen Namen. Aber mein Rufen verhallte im Leeren. Straße auf und Straße ab klingelte ich bei den Nachbarn und Bekannten. Aber niemand wusste, wo Daniel geblieben war. Mein Suchen war vergeblich. Ich lief sogar bis in den Wald hinein und rief seinen Namen; aber es erreichte mich keine Antwort. Auf jede Koppel schaute ich, aber dort sah ich nur Pferde und einige junge Fohlen. Angst überfiel mich. In jede Baugrube blickte ich hinein. Aber mein kleiner Schatz war nirgends aufzufinden. So schnell mich meine Füße tragen konnten, lief ich den Berg hinauf zum Kindergarten. Aber auch dort war nur noch die Putzfrau anzutreffen, und von meinem Kind war keine Spur zu entdecken. All mein Rufen und Suchen war vergeblich.

Ich war total verzweifelt. Der Junge wird

doch nicht von Verbrechern entführt sein! Inzwischen war es ganz dunkel geworden. Nur noch die Sterne am Himmel und der Mond waren zu sehen. Inzwischen hatte ich mir die Kehle fast wund geschrien und viele Gebete gen Himmel geschickt. Doch plötzlich sah ich im Schein einer Straßenlaterne ein weißes Mützchen. „Mama, Mama", lief mir mein kleiner Kerl entgegen. „Da bist du ja." Ich schloss meinen Liebling in die Arme. Kein schimpfendes Wort brachte ich über die Lippen. Ich war nur glücklich und wischte mir eine Träne aus den Augen. „Mama, die Kinder haben mich zu einem Fest in die Jungschar mitgenommen. Dort war es wirklich schön." Ich drückte meinen Sohn fest an mich und gab ihm einen kräftigen Kuss auf die Wange. Nun waren wir wieder vereint.

So ist auch Jesus, der Gottessohn. Er liebt uns, er sucht uns, er leidet mit uns, und wenn wir uns von ihm finden lassen, nimmt er uns in seine kräftigen Arme und schüttet seinen Segen über uns aus. Bei ihm soll es uns gut gehen.

Jesus liebt besonders die Kinder. Das betonte ich und zauberte damit ein frohes Lächeln auf ihr Gesicht. Was hat Jesus zu den Jüngern gesagt? „Lasset die Kindlein zu mir kommen und wehret ihnen nicht, denn ihnen gehört das Reich Gottes."

Zum Schluss erzählte ich noch ein lustiges Erlebnis. Weil Jesus uns wert achtet, sollen wir uns auch untereinander lieben. Besonders aber unsere Kinder sollen sein Heil schauen. Allerdings gibt es auch manche Schwierigkeiten in den Familien. Ich denke zurück an die Zeit, als die Jungen lange Haare trugen und gerne ausgefranste Hosen mit Löchern anzogen. Natürlich wollte ich nicht, dass mein Ältester mit solch langen Haaren herumlief. Dieses Thema wurde in unserer Familie oft zu einem Streitgespräch. Mehrmals schon hatte ich Gottfried einen Geldschein in die Hand gedrückt und ihn aufgefordert, zum Frisör zu gehen. Schelmisch schaute er mich an und sagte: „Mama, das Geld kann ich gut gebrauchen. Ich werde mir davon ein wunderbares Buch kaufen. Aber meine Haare bleiben lang."

Diese ständigen Auseinandersetzungen am Mittagstisch verdarben unsere sonst so gute Atmosphäre. Aber eines Tages antwortete mir mein Sohn auf mein Schimpfen hin klipp und klar: „Mutti, Schwester Irmhild hat mir gestern gesagt: ‚Jesus liebt dich auch mit langen Haaren, Gottfried.'"

Ich dachte über diesen Satz nach und mir war bewusst: Die Diakonisse hatte recht. Es war im Grunde mein Stolz, dass ich gut frisierte Söhne haben wollte und sie alle auch geschmackvoll angezogen waren. Wir wohnten damals in einem Haus, das von vielen Schwestern umgeben war. Wer sie kennt, weiß, wie ordentlich sie immer gekleidet und gekämmt sind. Nach diesem Gespräch mit meinem Sohn beschloss ich, mein Schimpfen bei Tisch aufzugeben. Nun kehrte wieder Frieden bei uns ein.

Aber diese Geschichte hatte noch ein Nachspiel. Wir waren inzwischen in einen anderen Stadtteil von Marburg umgezogen. So passierte es häufig, dass unsere Kinder nach Schulschluss zur Diakonie eilten und von ihrem Vater im Auto nach Hause mitgenommen werden wollten. So kam auch Gottfried an die Pforte des Büros, in dem mein Mann arbeitete. Hier war es üblich, dass man sich bei der Pfortenschwester melden musste. Als sie unseren Sohn vor der Tür stehen sah, sagte sie zu ihm: „Warten

Sie hier ein wenig. Ich gehe sofort und hole Ihnen einen Teller Suppe."

Etwas erstaunt sah Gottfried die Diakonisse an und sagte: „Aber ich will doch gar keine Suppe."

„Ja, soll ich Ihnen denn einige belegte Brote bringen?"

„Ich will auch keine Brote", erwiderte Gottfried.

„Ja, was wollen Sie denn?"

„Ich will doch bloß zu meinem Vater."

„Und wer ist Ihr Vater?"

„Na das ist Herr Bormuth."

Total erschrocken schaute die Schwester auf und sagte: „Wie, unser Herr Direktor soll Ihr Vater sein?" Das konnte sie nicht glauben. So griff sie zum Telefonhörer und fragte meinen Mann, ob er einen Sohn mit Namen Gottfried habe. Als er dies bejahte, öffnete ihm die Diakonisse die Pfortentür, schaute ihm aber ungläubig nach und schüttelte dabei den Kopf. Soll das wirklich der Sohn unseres Herrn Direktor sein?, fragte sie sich im Stillen.

Einige Jahre später, als Gottfried inzwischen Pfarrer war und er in kurzen Haaren in der Evangeliumshalle zum Predigen erschien, freuten sich die Schwestern über ihn, denn er war zu einem frohen Boten Gottes geworden und hat viele junge Menschen zum Glauben an Christus gerufen. So ändern sich die Zeiten.

Den Kindern aber bei der Abendandacht in Heiligengrabe hatte ich ein frohes Lächeln auf ihr Gesicht gezaubert. Einige sagten mir beim Verabschieden: „Wir wollen für Gottfried beten. Er soll ein guter Knecht Christi bleiben."

# Ein glücklicher Tag

Heute war ein wunderschöner Tag für mich. Am Morgen trat ich in den Laden eines holländischen Blumenverkäufers und überreichte ihm mein neuestes Buch mit dem Titel „Alles Glück der Erde". Auf dem Titelblatt steht mein jüngster Enkel, lächelt und hält einen herrlichen Blumenstrauß in der Hand. Mich hatte die Haltung dieses Händlers erfreut, der jeden Sonntag unentgeltlich einen Strauß schöner Blumen auf den Altar unserer Kirche stellt. So hatte ich es im Kirchenblatt gelesen. Dafür hatte ich ihm einige Wochen zuvor gedankt und darüber eine nette Geschichte geschrieben. Nun sollte er das Buch selbst in Händen halten können. Etwas überrascht schaute er mich an, als ich ihm die Seite zeigte, wo ich seine Liebenswürdigkeit und Opferbereitschaft dargestellt hatte. Damit zauberte ich ein Lächeln auf sein Gesicht. „Wie, Sie haben über mich eine Geschichte geschrieben?"

Als ich wieder gehen wollte, zog er wohl die allerschönste Rose aus einer Vase und drückte sie mir in die Hand. Das war nun schon die zweite Blume, die ich von ihm erhielt. Ich wollte sie zuerst nicht annehmen, aber er ließ mich nicht ohne diese Rose sein Geschäft verlassen. Mit dieser Geschichte in meinem neuesten Buch hatte ich ihm eine Freude bereitet, und darüber war auch ich glücklich. Anschließend musste ich wieder zu meiner Ärztin, die gleich neben dem Blumenladen ihre Praxis hat. Alle drei Monate wird mir Blut abgenommen und mein Zuckerspiegel kontrolliert. Gerne packe ich immer die neueste Ausgabe der Zeitschrift Lydia ein und lege sie im Wartezimmer aus. Mir macht es Freude, wenn ich sehe, dass die anderen Patienten gerne danach greifen. Der Arzthelferin, die mir das Blut abnimmt, nehme ich immer ein Buch als Geschenk mit, denn sie erzählte mir, dass sie vor allem abends gerne liest. Herzlich bedankte sie sich für das Buch mit dem Titel „Pralinen für die schönste Frau".

„Nun habe ich schon drei Bücher von Ihnen", sagte sie zu mir.

„Sie haben dieses Buch auch verdient", scherzte ich, „denn Sie gehören zu den Schönen im Lande."

„Danke, Frau Bormuth, das haben Sie gut gesagt. Für ein nettes Kompliment bin ich immer zu haben."

Und dann erlebte ich zu Hause noch eine interessante Begegnung. Bei unserem Nachbarn wurden neue Büsche im Garten gepflanzt. Von unserer Terrasse aus winkte ich den Arbeitern zu, da sie gerade ihre Frühstückspause hatten und sich ihre Brote gut schmecken ließen. Es ergab sich ein kurzes Gespräch über den Zaun hinweg. Ich merkte sofort, dass der Vorarbeiter aus Russland kam. Das konnte ich besonders an seinem rollenden R ausmachen. „Ich komme auch aus Ihrem schönen Land, nämlich aus der Ukraine. Direkt am Schwarzen Meer bin ich geboren. Als ich Kind war, habe ich Ihre Sprache sehr gut beherrscht. Leider habe ich im Laufe der vielen Jahre fast alles vergessen. Mir fehlte dazu der rechte Gesprächspartner. Das tut mir leid, denn Russisch ist eine wunderbare Sprache und ihre Lautmalerei klingt einmalig schön. Wie viele hervorragende Schriftsteller hat Russland hervorgebracht: Solschenizyn, Dostojewski, Tolstoi und viele andere."

Der Arbeiter freute sich über mein Interesse an seinem Heimatland. Er war noch nicht lange mit seiner jungen Familie hier in Marburg und fühlte sich recht einsam. „Na, das können wir ändern. Ich lade Sie mit Ihrer Frau und den Kindern zum Gottesdienst ein. Sonntags treffen wir uns immer in der Schwanallee 37. Kommen Sie doch mit Ihrer Frau und bringen Sie auch Ihre Kinder mit. Denn gleichzeitig zu den Erwachsenen, die Gottes Wort hören, wird ihnen eine biblische Geschichte erzählt. Das wird auch Ihre Kleinen erfreuen. Wir können uns auch öfter zu einer Tasse Kaffee und Kuchen bei uns treffen. Mich würde Ihr Besuch sehr freuen, denn ich fühle mich mit Ihnen stark verbunden. Wir stammen doch beide aus demselben Land.“

„Ja, ich werde es mir überlegen, denn ich brauche Kontakt mit deutschen Menschen. Meine Sprache ist noch nicht gut und ich muss noch viel lernen.“

„Grüßen Sie auch bitte Ihre liebe Frau, und für Ihre Kleinen packe ich schnell noch ein paar Kinderbücher und etwas Süßes zusammen. Sie freuen sich bestimmt, wenn der Papa ihnen nach der Arbeit ein Geschenk mitbringt.“ Ich fühlte mich in meinem Element und richtete schnell ein Päckchen, das ich meinem Landsmann ans Auto brachte.

„Ich werde mit meiner Frau planieren, ob wir können kommen zur Kirche in Schwanallee.“

Ich lächelte den Mann an und korrigierte ihn. „Das heißt im Deutschen planen. Planieren bedeutet *die Erde gleichmäßig aufschütten*, was Sie jetzt gerade machen.“

„Danke, danke! Es ist gut, wenn Sie mir alles richtig sagen.“ Dabei schaute er in die Tüte und freute sich. „Wir werden mit ganzer Familie kommen. Wir planen das.“

Herzlich verabschiedete ich mich von ihm. „Also bis Sonntag um 10 Uhr in der Kirche.“

Für mich gibt es nichts Schöneres, als Menschen unter das Wort Gottes einzuladen. Mich bekümmert es immer, wenn ich ohne Begleitung, also allein mit meinem Mann, bei der Predigt anwesend bin. Die beste und schönste Botschaft ist uns anvertraut und sie soll von vielen gehört werden. Gewiss ist es nicht leicht, Menschen zu Jesus zu führen, aber ab und zu will mich mein Herr zu diesem Dienst gebrauchen. Wird mein Landsmann mit den Seinen auch kommen?

Und dann erlebte ich noch eine Freude. Kaum hatte ich meine Wohnung betreten, da hörte ich auch schon mein Telefon klingeln. Den Anrufer kenne ich gut. Vor drei Jahren fand ich den Kontakt zu ihm, als er mit einer schweren Krebserkrankung in der Klinik lag. Er war verzweifelt und wusste nicht, ob er das Krankenhaus lebend würde verlassen können. So ergab es sich, dass wir oft über das Telefon miteinander redeten. Jedes Mal bat ich Gott um Heilung für ihn. Seine Gesundheit stellte sich nicht sofort ein und er musste noch mehrere Wochen in der Klinik bleiben, bis er endlich in die Nähe seiner Heimat entlassen werden konnte. Aber die Verbindung zu ihm blieb erhalten. Nach und nach erzählte er mir mehr aus seinem Leben.

Er war früher Chemielehrer in der DDR gewesen und hatte gerade die 70 Jahre überschritten. Seine Frau stand ihm in all den schweren Tagen bei und pflegte ihn. Auch seine Kinder freuten sich, dass ihr Vater endlich zu Hause war und es ihm von Tag zu Tag besser ging. Ich schickte ihm eine Reihe Bücher von mir und er las sie gern. Auch ein Neues Testament legte ich bei, das er nun schon zweimal gelesen hat. Jedes Telefonat schloss ich mit einem Gebet ab. So wünschte er es sich. Sonntags ging er in die Kirche und fand auch bei seinem Pfarrer Gehör in seinen vielen Fragen und Krankheitsnöten. Er lernte auch, selbst Gott anzurufen, und wuchs in die Gemeinschaft mit Gott hinein. So wurde er Christ. Heute sagte er mir, dass ihm und seiner Frau ein schöner Tag bevorstünde. Sie wollten sich in der Kirche trauen lassen und die christliche Heirat nachholen. Bisher waren sie nur standesamtlich getraut. Noch hatte er dies seinen Kindern nicht verraten, da er nicht wusste, wie sie diese Nachricht aufnehmen würden. Aber ihnen beiden war es klar geworden, dass sie den Bund der Ehe vor Gott schließen wollten.

Das hat mich natürlich auch sehr erfreut. Würde ich in seiner Nähe wohnen, dann wäre ich sicher sein Hochzeitsgast.

An diesem Tag war ich überaus glücklich und dankte meinem Herrn für alle frohen Begegnungen.

# Karl Heim –
# ein mutiger Zeuge
# Jesu Christi

Von allen Theologen, die im Fachbereich Evangelische Theologie für meinen Mann in seiner Ausbildung richtungweisend geworden sind, ist Professor Karl Heim der bedeutendste. Fast alle seine Bücher hat er in seiner Studierstube stehen. Leider war es meinem Mann nicht vergönnt, seine Vorlesungen zu hören, aber er hat sich mit seinem umfangreichen Werk intensiv beschäftigt. Dieser an Jesus gläubige Professor hat ihn davor bewahrt, dass ihm durch die theologisch kritische Bibelwissenschaft der Boden unter den Füßen entzogen wurde. Heims Gedanken verhalfen ihm zu einem bibeltreuen theologischen Fundament. Durch sein ganzes Wirken im Verkündigungsdienst hat Karl Heim meinen Mann begleitet. Ich will ein kurzes Lebensbild von diesem treuen Zeugen Jesu Christi darstellen.

Geboren wurde Karl Heim 1874 in einem schwäbischen Pfarrhaus im Zabergäu. Dann führte ihn nach dem Abitur sein Weg zur

Universität nach Tübingen. Zu einem einschneidenden Ereignis wurde für Karl Heim eine Predigt des Evangelisten Elias Schrenk. Dadurch hörte er den Ruf in die Nachfolge Christi und dieser Verkündiger sorgte dafür, dass Heim nach seiner Bekehrung in Kontakt mit der Deutschen Christlichen Studentenvereinigung kam. In diesem Kreis lernte Karl Heim auch Graf Eduard von Pückler kennen, der ein treuer Zeuge Christi vor allem für junge Menschen gewesen war. Nachdem Karl Heim seine Studien in Tübingen abgeschlossen hatte, wurde er für mehrere Jahre Vikar und Lehrer. Danach vertraute man ihm die Arbeit als Reisesekretär der Christlichen Studentenvereinigung an und er zog nach Halle. Mit diesem Ereignis begann sein weltweiter Einsatz im Reich Gottes. Es war ihm geschenkt, an vielen Universitäten und Technischen Hochschulen ein Rufer für Christus zu werden. Gerade die akademische Welt wurde sein Einsatzgebiet. Sogar in St. Petersburg und in Siebenbürgen durfte er vor den Studenten predigen.

Ein wichtiges Ereignis auf diesem Weg wurde für ihn das Zusammentreffen mit John Mott auf einer Tagung des Weltbundes der Christlichen Studentenbewegung in Paris. Dadurch erhielt er auch eine Einladung zur Welttagung in Peking. Zu dieser Zeit waren die Deutschen in vielen Ländern nicht sehr geachtet. Manchmal fand man dort an Geschäften ein Plakat mit der Aufschrift „Germans and dogs excluded" (Deutsche und Hunde unerwünscht). Umso erfreulicher war es, dass man Heim von den vier Vorträgen, die auf dem Programm standen, zwei übertrug. In Peking waren 33 Nationen versammelt und zum ersten Mal konnte Karl Heim gegen die Lüge ankämpfen, Deutschland trage die alleinige Schuld an dem Ersten Weltkrieg.

Auch nach Japan und Amerika wurde Heim als Verkündiger eingeladen. In den USA knüpfte er vor allem Kontakte mit dem CVJM. Diese Gruppierung von jungen Männern lud ihn ein, Gastvorlesungen als Professor an amerikanischen Universitäten zu halten. 1928 wurde Karl Heim zu einem der Hauptvorträge bei der Weltmissionskonferenz in Jerusalem eingeladen. Auf der Reise dorthin lernte er Ägypten, die Sinaihalbinsel und das Heilige Land kennen. In dieser Zeit konnte es ihm keiner der deutschen Theologieprofessoren gleichtun, solch weit entfernte Länder kennengelernt zu haben.

Für Karl Heim folgte dann eine wertvolle Zeit als Professor für Systematische Theologie. Hier entfaltete er eine weitreichende Tätigkeit. Sogar der größte Vorlesungsraum – es war der Festsaal der Universität – reichte nicht aus, um allen seinen Hörern einen Platz zu bieten. Nicht nur Theologiestudenten nahmen an seinen Vorlesungen teil, sondern auch Naturwissenschaftler und Mediziner. Sonntags wurde er oft zu Gottesdiensten in die Tübinger Stiftskirche eingeladen. Hier predigte er vor Philosophen, aber auch vor Arbeitern und Weingärtnern. Ihm war es geschenkt, in anschaulicher Weise die Grundfragen des Seins aus der Sicht der Christusoffenbarung darzubieten. Bis ins Letzte durchdachte er seine Darbietungen.

Sein erstes Werk, das 1904 erschien, trug den Titel „Vom Weltbild der Zukunft". Es stellte eine Auseinandersetzung zwischen Philosophie, Naturwissenschaft und Theologie dar. Was später in den 50er und 60er Jahren gläubige Naturwissenschaftler wie z. B. Wilder-Smith schrieben, hatte Heim schon damals vorausgedacht. Ihn trieb die

Frage um: Wie kann sich der Christusglaube auch angesichts des modernen Weltbildes als Denkmöglichkeit erweisen?

Darauf aufbauend schrieb er später sein sechsbändiges Lebenswerk mit dem Titel „Der evangelische Glaube und das Denken der Gegenwart". Ihm ging es darum, uns Menschen die größtmögliche Gerechtigkeit widerfahren zu lassen und ein Denken aus dem Glauben darzubieten. Damit stellte er seine Leser vor die letzte Entscheidungsfrage. In dem dritten Band dieses Werkes mit dem Titel „Jesus der Weltvollender" brachte er uns die Schau der Christusgeschichte nahe. Damit wollte er uns Christen helfen, manche Fragen des Glaubens zu verstehen. Es ging ihm um die Auseinandersetzung zwischen Jesus und Satan. Durch Christi Wirken hier auf unserer Erde wurde dem Teufel das Recht genommen, als Verkläger der gläubigen Gemeinde vor Gottes Angesicht zu stehen, wie er es bei Hiob noch vollzog. Der Teufel hat den Anspruch verloren, uns Christen zu verklagen. Jesu Siegestat auf Golgatha hat ihn entrechtet. Noch bleibt dem Teufel ein gewisses Maß, uns Menschen zu quälen, aber am Ende der Weltzeit wird ihm auch diese Macht genommen. Mit dieser Sicht wächst für uns die Macht, dass dem Teufel die Zerstörung von uns Menschen völlig genommen wird. Gott hat für uns sündige Menschen sein Teuerstes, seinen eigenen Sohn geopfert, damit Christus unsere Schuld auf sich nehmen konnte und wir vor dem heiligen Gott rein dastehen dürfen. Noch müssen wir, solange wir auf dieser Erde wohnen, es ertragen, dass Menschen verführt werden und sich der christlichen Gemeinde entfremden. Aber wir haben von Jesus die Verheißung empfangen, dass ihm einmal alle Macht gegeben wird und wir im Himmel mit ihm triumphieren können. Der Sieg Christi ist uns gewiss. Bis dahin leben wir hier im Glauben. Karl Heim hat einmal wörtlich gesagt: „Glaube ist, dass wir von Gott über alle Abgründe in uns und um uns getragen werden."

Karl Heim ist am 30.08.1958 in Tübingen gestorben.

# DAS GESCHENK
## DES GEBETS

Es geschieht manchmal in unserem Leben, dass wir Schicksalsschläge erleiden müssen. Wir liegen dann total vernichtet am Boden. Das kann ein plötzlicher Tod sein, ein Autounfall, ein Hausbrand oder eine schwierige Zeit mit den Kindern. Auch ein Nachbarschaftsstreit kann uns sehr zusetzen. Die Zahl der zerstörerischen Mächte ist oft sehr groß. Wie gehen wir mit solchen Ereignissen um? Es gibt drei Entscheidungen, die wir dann treffen können.

Wir betäuben unsere Sinne durch Alkohol und Drogen. Viele stürzen sich auch in übermäßige Arbeit und Stress, um das Unbegreifliche zu vergessen. Aber wir werden es nie ganz aus unserem Leben verdrängen können.

Die zweite Möglichkeit, um aus dem Dilemma herauszukommen, ist der Suizid. „Sind wir tot, dann kann uns im Grab nichts mehr bekümmern", reden sich manche ein. Dabei vergessen sie, wie sehr diese schreckliche Tat ihre Lieben in die Verzweiflung stürzen kann. Ihre Tränen sind dann nicht mehr zu zählen und sie können sogar in Schwermut versinken.

Die dritte Möglichkeit in unserem Schmerz ist das Gebet. Es ist ein guter, hilfreicher Weg, aus der eigenen Bedrängnis herauszutreten und sich dem allmächtigen Gott anzuvertrauen. Bei ihm finden wir Trost und Hilfe. Dadurch wird uns auch ein gewisser Abstand zu unserem Elend eingeräumt. Wir legen dann die Verantwortung für unsere weitere Entwicklung bewusst in Gottes Hände. So ermutigt uns z. B. Psalm 119,26: „Ich erzähle dir meine Wege und du erhörst mich."

Aus der Tiefe unseres Herzens dürfen wir zu unserem Schöpfer kommen und er will unser Leid tragen. Offen und ehrlich dürfen wir mit ihm reden und ihm die Frage stellen: „Herr, warum musste mir dies geschehen?"

Es wurde für mich ein schöner Abend, der sich bis weit in die Nacht erstreckte, als ich mich mit dem Thema Gebet beschäftigte. Reich wurde ich dadurch beschenkt. So dachte ich z. B. an Friedrich Schiller, meinen Lieblingsdichter, der plötzlich durch schwere Ereignisse bedrängt wurde. Über ihm zogen sich dunkle Wolken zusammen. In seinem frohen Schaffen, als er auf der Höhe seiner Dichtkunst stand, musste er erfahren, dass seine Lunge von Tuberkulose angefressen war und er dem nahenden Tod entgegenging. Darüber war er verzweifelt, und so fragte sich dieser hervorragende Dichter zu Recht: „Warum muss ich gerade jetzt von dieser Krankheit befallen werden, wo ich doch noch so viel leisten möchte? Schreiben möchte ich, nur noch schreiben, denn mein Kopf ist voller herrlicher Gedanken. Aber diese Tuberkulose lähmt meine Schaffenskraft."

Von Ludwig van Beethoven, diesem großartigen Komponisten, weiß ich, dass er in seiner Neunten Symphonie das Unbegreifliche in Noten gefasst hat. Er konnte es nicht verstehen, warum ihm gerade jetzt im frohen, erfolgreichen Arbeiten ein Ohrenleiden alle Freude am Komponieren nehmen wollte. Die Noten für dieses Werk, die er aufs Papier brachte und dann auf dem Klavier spielte, vermochte er nicht mehr zu hören. So richtete er die Frage an Gott: „Herr, warum?" Seine Worte klingen wie Schläge gegen das Gitter eines Gefängnisses. Aber Beethoven gab nicht auf, sondern komponierte weiter, auch wenn er selbst die Melodie nicht mehr hören konnte. Wie viele Menschen hat er gerade mit seiner Neunten Symphonie beglückt. Aber verstehen konnte er den Ausbruch seiner schweren Erkrankung nicht und so blieb dieses Warum als Rätsel in seinem Leben stehen.

In ähnlicher Weise erlebte auch ich dieses Warum. Es war die glücklichste Zeit meines Lebens. Ich hatte den liebsten Partner für meine Ehe gefunden. Ein Kind nach dem andern erblickte das Licht der Welt, bis wir eine Tochter und vier Söhne unser Eigen nennen konnten. Beruflich ging es meinem Mann gut. Im Dienst für Gott konnte er das Marburger Bibelseminar und die Krankenpflegehochschule gründen. An seiner Seite hatte er treue Lehrer und Mitarbeiter dafür gefunden. Dann traf uns wie ein Donnerschlag aus heiterem Himmel das Unglück. Mein Vater erkrankte an Darmkrebs und der Chefarzt vertraute mir an, dass alle ärztliche Hilfe zu spät käme. Seine Krankheit war schon zu weit fortgeschritten. Höchstens zwei Jahre blieben ihm noch. Am Bett meines Vaters bewahrte ich noch Haltung und sang ihm das Lied vor: „Wenn die Last der Welt dir zu schaffen macht. ... Gott hört dein Gebet."

Als ich dann ins Auto stieg und wir heimfuhren, brach ich in Tränen aus. Mein Mann lenkte den Wagen auf einen Parkplatz und legte eine Pause ein, damit ich mich etwas beruhigen konnte. Die Kinder waren nämlich bestürzt, mich so laut klagen zu sehen. Es war gut, dass ihr Papa bei ihnen war und sie tröstete.

Im selben Krankenhaus in Kassel lag zu dieser Zeit auch meine Schwester. Ein schweres Zugunglück hatte ihr schlimme Verletzungen zugefügt. Sie war die einzige Überlebende in dem letzten Waggon des Interzonenzuges. Alle anderen dreizehn Fahrgäste waren tot. Aber kaum ein Körperteil war bei ihr noch unverletzt. Vor allem ihre Beine waren betroffen, die beide abgequetscht worden waren. Würde meine Schwester überleben? Natürlich hatte mich die Angst um Grete fest im Griff. Sie war ja noch so jung und hatte zwei Kinder. Ich habe um ihr Leben gebangt und gebetet. Und der Herr hat ein Wunder getan. Nach drei Jahren in der Klinik wurde sie endlich nach Hause entlassen.

Aber es dauerte noch weitere zwei Jahre, in denen sie das Bett hüten musste, bis der Eiter endlich aus den Knochen geheilt war. Heute sitzt meine Schwester im Rollstuhl. Aber sie lebt.

Es war auch die Zeit, als meine Söhne und meine Tochter Teenager waren. Manche Konflikte kamen auf mich zu. Erst nach und nach fanden sie den Weg zu Gott. Aber ich habe oft um sie gebangt und lernte neu, zu beten und mir mein Leid von der Seele zu schreiben. Gott hat mein Schreien und Rufen gehört und mir aus meiner Not herausgeholfen. So durfte ich durch die schweren Leiderfahrungen Autorin vieler Bücher werden.

In dem Buch „Leben aus dem Glauben" von Karl Heim fand ich ein wunderbares Beispiel. Er spricht von einem Bootsmann, der ein Seil zu einem Helfer am anderen Ufer hinüberwirft, wenn er in den Hafen einfährt. Der andere fängt das Seil auf und kann dann das Schiff sicher an die Hafenmauer heranziehen. So können auch wir beim Gebet unsere Worte wie ein Seil zu Gott hinaufwerfen, in der Gewissheit, dass er es auffängt und uns seine Hilfe schenkt, die darin liegt, dass ich nicht nur weine, schreie oder vor Wut rase, sondern mit meinem Schöpfer im Gespräch bleibe. Dadurch erfahre ich seine Gnade und werde in die innere Freiheit entlassen.

Aber zum Gebet kommt mir noch ein anderer guter, treffender Gedanke. So wie ich über meinen Schmerz rede, darf ich auch Gott meine Freude mitteilen. Ich will ihm mein Lob in Liedern bringen und werde gewiss: Gott hört mir zu, freut sich darüber und wendet sich mir in seiner verständnisvollen und liebenden Art zu. Er interessiert sich für mich und ich weiß: Ich bin in seinen Augen wert geachtet. Keiner, der Christus angehört, muss sich mit Minderwertigkeitskomplexen plagen. Aufrechten Ganges darf er sich seinem Schöpfer nahen und mit ihm in Verbindung treten. Die Freude führt uns aus dem Elend heraus und krönt unser Leben mit seinem Heil.

Nun kann es durchaus sein, dass wir auf unsere Fragen nicht immer eine befreiende Antwort erhalten. Aber ist es für uns nicht schon von großem Wert zu wissen: Wir erfahren schon innere Befreiung, wenn wir mit unserem Schöpfer reden und an der höchsten Stelle angenommen sind? Unseren Nöten dürfen wir Worte verleihen. Auch das schweigende Zuhören Gottes kann uns zum Trost werden. Ein weinendes Kind, dem Unrecht geschehen ist, kann wieder ruhig werden, wenn es im Arm der Mutter liegt. Es ist in unserem Leben schon ein großes Glück, wenn wir dabei eine Mutter, einen Freund oder einen Seelsorger zu Rate ziehen dürfen, der uns versteht und mit uns vor Gott tritt. Die Seelsorge hat etwas Befreiendes.

Kürzlich habe ich einer Frau, die in vielen Nöten steckte, ein Buch von mir geschenkt. Sie hat es sofort gelesen und sich dann bei mir bedankt. Es waren frohe, anerkennende Sätze. Aber das Allerschönste, das mich innerlich am stärksten bewegt hat, war ein Satz, der mit Rotstift über dem Blaugeschriebenen stand: „Frau Bormuth, Sie sind gesegnet!"

Auf der Rückseite der Karte war ein blühender Kirschbaum abgebildet und die Worte: „Das wahre Glück liegt in der Erkenntnis, dass Gott dich liebt, so wie du bist." Ich habe mir dieses ermutigende Wort auf meinen Schreibtisch gestellt.

Der Theologe Karl Heim schreibt in seinem Buch *Leben aus dem Glauben*: „Ich

kann einem anderen, der mir das Herz aus-
schüttet, nur das verstehende Du sein, wenn
ich selbst das Du gefunden habe, das mich
versteht und mich aus der eigenen Einsamkeit befreit hat. Darin liegt das Grundgesetz
echter Gemeinschaft zwischen Ich und Du.
Ich kann einen anderen nur lieben, wenn ich
selbst geliebt bin."

Wer sich von Gott getragen weiß, der
kann auch für einen anderen zum Halt werden. Darin liegt das Geheimnis einer göttlichen Liebe. Sie erweist sich im Konflikt
der zerbrochenen Ehen, der gescheiterten
Freundschaften und der aufgelösten Liebes-
beziehungen. Im Psalm 139 heißt es: „Von
allen Seiten umgibst du mich und hältst deine Hand über mir." Wer sich in dieser Liebe
von Gott umhüllt weiß, kann auch einem
anderen helfen, seine Lasten vor seinem
Herrn abzulegen. Das ist wahre Seelsorge.
Welch ein Geschenk ist es für mich, wenn
mir ein Bruder oder eine Schwester zum
segnenden Du wird. Wir brauchen in unserer Zeit nichts dringlicher als priesterliche
Persönlichkeiten. Wenn wir zu ihnen in die
Beichte gehen und unserer Sünde einen Namen geben, dann werden sie selbst Hörende

vor Gott. Diese Vollmacht wird ihnen von Gott geschenkt. Unsere Rettung liegt in der Zusage, dass Gott uns trösten will, wie einen seine Mutter tröstet. Mein Herr versteht mich in jeder Lage und gebraucht manchmal auch einen anderen Christen, der an meiner notvollen Situation Anteil nimmt. Mein Schreien zu ihm verhallt nie im Leeren, sondern dringt durch zu der richtigen Adresse. Ich lebe jede Stunde von Gottes Nähe, greife zu seinem heiligen Wort und mache mir seine rettende Botschaft zu eigen. Dann kann ich tief Atem holen und neue Zuversicht gewinnen.

Als Jakob im Alten Testament die schwierige Aufgabe zuteilwird, sich mit seinem Bruder Esau auszusöhnen und er im Gebet um Hilfe ringt, schreit er laut auf: „Ich lasse dich nicht, Herr, du segnest mich denn!" Wir brauchen diesen Schrei nach Gottes Nähe, sonst sterben wir.

So ist das Gebet unsere stärkste Kraft und die höchste Kunst, die wir im Laufe unseres Lebens immer besser begreifen dürfen. Ich möchte meinen Herrn bitten, dass mein ganzes Leben mehr und mehr zu einem Gebet wird.

# MEIN SCHÖNSTES BUCH

Ein Soldat berichtet:

Während meiner Wehrmachtszeit und dann auch in meinem Gefangenenlager trug ich vom ersten bis zum letzten Tag ein Neues Testament in meiner Brusttasche. Es war nicht groß. So konnte ich es immer bei mir haben. In wie vielen notvollen und trostlosen Situationen hat es mir Hilfe und Ermutigung gebracht. Aber auch meine Freude wurde durch dieses Testament vermehrt. Mir war oft zumute, als würde mich Gott auf all meinen Wegen begleiten. So fühlte ich mich nie verlassen, auch wenn ich in der einsamen und öden Steppe der Gefangenschaft eingesperrt war. Das Evangelium hat mir Glauben und Zuversicht vermittelt, und wenn ich schwach und verzagt war, gewann ich wieder neue Kraft durch das göttliche Wort. Es war mir wie ein Liebesbrief, den ich immer bei mir hatte. Äußerlich sah es schon ganz zerfleddert aus, und auf manche Seiten musste ich besonders achthaben, da sie sich schon vom Einband gelöst hatten. Eine Ecke meines Testaments war schwer beschädigt, weil sie von einem Granatsplitter getroffen war. Es ist erstaunlich, dass ich es bei allen Filzungen doch noch durchschmuggeln konnte. Und darauf war ich stolz, denn das Gotteswort war mir das Liebste, was mir noch geblieben war. Ich hatte wie ein Dieb von Bagdad eine große Geschicklichkeit entwickelt, dieses Büchlein zu retten. Aber eines Tages wurde es mir bei einer Großfilzung doch abgenommen. Ein Russe warf es achtlos auf einen großen Haufen. Ich verließ schnell diesen Saal und suchte nach einem Ausweg. Eilig lief ich um das Haus herum und stellte mich hinten in der Reihe der Gefangenen noch einmal an. Diesmal hatte ich nichts zu befürchten und kam ungeschoren durch die Kontrolle. Ich besaß ja nichts Verbotenes mehr. Ich beeilte mich, an den riesigen Haufen heranzukommen, auf dem sehr wertvolle Sachen lagen, und erkannte sofort mein Bibelchen. Schnell griff ich zu und holte es mir aus dem Stapel heraus. Kein Russe hatte dies entdeckt. Ich versteckte es in meiner wattierten Jacke. Mit großer innerer Genugtuung verließ ich die Baracke und musste insgeheim schmunzeln, dass 20 russische Offiziere mich nicht beim Schmuggeln erwischt hatten. Gott hatte seine Hand über mir gehalten und ihnen die Augen blind gemacht.

Aber dann erlebte ich eines Abends doch eine herbe Enttäuschung. Müde und hungrig kehrte ich nach der Arbeit wieder ins Lager zurück und sah, dass mir Diebe einige Kleidungsstücke und auch mein Neues Testament gestohlen hatten. Zu meinem Entsetzen erkannte ich am anderen Morgen, wie ein russischer Aufpasser und sein Helfer sich aus den ersten dünnen Seiten des Matthäusevangeliums Zigaretten drehten. So meldete ich meinem ungarischen Dolmetscher den Verlust. Dieser versprach, mir zu helfen. Gegen Abend konnte ich mein Neues Testament wieder in Händen halten. Die Gauner entschuldigten sich sogar bei mir. Unsere Aufseher hatten unter viel Mühe neues Papier besorgt und es gegen die herausgerissenen Seiten der Bergpredigt eingetauscht. Ich konnte nur staunen, dass die sonst so brutalen Aufpasser mir so wunderbar geholfen haben. Sie waren nämlich uns Gefangenen sonst nicht so freundlich zugetan. Aber vor dem heiligen Büchlein hatte der Dolmetscher Respekt bewiesen. Seit diesem Vorfall hatte er zu mir sogar ein nettes, fast liebevolles Verhältnis entwickelt. Im September 1947 kam für mich der lang ersehnte Tag der Entlassung. Wir mussten alle Bilder und Bücher abgeben, als wir endlich das Gefängnis verlassen durften. Diesmal legte ich gerne mein Neues Testament auf ein Bänkchen und hoffte, dass es am nächsten Morgen von einem anderen Gefangenen gefunden würde und er dadurch wie ich hinter Gittern getröstet würde. In der Zeit bis zu seiner Entlassung sollte er nicht ohne das Wort Gottes bleiben. Jedenfalls wollte ich, dass einer meiner Kameraden mit meinem wertvollen Liebesbrief Gottes beglückt würde.

# Danke! Ein grossartiges Wort

Heute wurde die Nachricht vom Tod Bud Spencers über die Fernsehsender verbreitet. Er war ein herausragender Schauspieler und wurde durch seine Filme sehr berühmt. „Fünf Fäuste für ein Halleluja" ist wohl einer der bekanntesten davon. Er verstarb umgeben von seiner großen Familie, dabei war das Wort „Danke!" das letzte Wort, das ihm über die Lippen kam.

Das hat mich in meinem Herzen stark berührt, und nichts wünschte ich mir lieber, als selbst mit einem solch bedeutungsvollen Wort mein Leben zu beschließen. Ich will nicht unversöhnt und im Ärger mit Menschen diese Erde verlassen, sondern mit dem großartigen Wort, mit dem ich Gott und den Menschen Dank sage für all die Wohltaten, die ich empfangen habe. Wie ganz anders sieht mein Alltag aus, wenn ich morgens nicht missmutig, nachtragend und verdrossen aus dem Bett steige, sondern mit einem herzlichen „Danke" den neuen Tag aus Gottes Händen empfange. Das wird dann ein guter Tag werden und mein Gemüt ist aufs Beste vorbereitet für alle Geschicke, die mir begegnen werden. Aber ich will ehrlich sein und muss bekennen, dass mich manchmal Sorgen, schwere Gedanken und Lieblosigkeiten einfach in eine neue Woche stolpern lassen.

Doch heute habe ich eine sehr gute Erfahrung machen dürfen. Mich erreichte ein Anruf von Annette: „Frau Bormuth, würden Sie mit mir beten? Ich will Gott danken, denn heute vor vier Jahren bin ich am Herzen operiert worden und noch immer geht es mir recht erträglich. Zwar musste ich meine Arbeit in der Fabrik, wo ich wunderschöne Blusen genäht habe, aufgeben. Aber ich darf noch leben und kleine Aufgaben im eigenen Haus und in der Bücherei unseres Ortes übernehmen. Als ich in die Klinik kam und der Arzt mit mir meine Diagnose besprach, wusste ich nicht, ob ich das Krankenhaus noch einmal lebend verlassen würde, so ernst sah es um mich aus. Aber ich durfte doch wieder zu meiner Familie zurückkehren, und das erfüllt mich mit großer Dankbarkeit."

Gerne habe ich mit Annette über das Telefon Gott den Dank entgegengebracht.

Die junge Frau fuhr fort: „Vier Jahre darf ich nun schon beim Aufstehen die Sonne sehen und die vielen Vögel singen hören. Ich begegne lieben Menschen und habe guten Kontakt zu treuen Freunden. Noch immer darf ich morgens meinen Vater und meine Mutter umarmen und ihnen einen kräftigen Kuss auf die Wange geben. Sie waren es, die mich in dieser sorgenvollen Zeit liebevoll begleiteten und mir vor allen Dingen durch ihre Gebete Mut zusprachen. Auch den Ärzten und Schwestern in der Klinik gebührt der Dank, denn sie haben mich wunderbar operiert, gepflegt und meine Wunden versorgt. Wenn ich anfinge und all die Menschen in meinen Dank einschließen wollte, die mir damals beistanden, als mein Leben an einem seidenen Faden hing, würde ich wohl viele Stunden dafür brauchen. Mein größter Dank aber gebührt dem Höchsten, meinem Vater im Himmel."

Wie sehr freute ich mich über Annettes Haltung. Ihr Gebet klang übers Telefon recht innig und aufrichtig. Mir ist die junge Frau ein rechtes Vorbild und so kreisten meine Gedanken an diesem Tag um die Erfahrungen, in denen ich Gott hilfreich und bewahrend erlebt hatte. Eine Flut dankbarer Gebete stieg zum Himmel auf.

Unfassbar war es für mich, dass uns am Anfang unserer Ehe ein Architekt zum Hausbau ermutigte. Die Wohnungsnot war Ende der 50er Jahre sehr groß. Zu der Zeit lebten wir in nur einem Zimmer und einer Küche, die zudem noch sehr feucht waren. An den Wänden kroch der Schimmel hoch und so brauchte ich mich gar nicht zu wundern, wenn meine Kleinen häufig von Erkältungskrankheiten geplagt wurden. Damals gab es günstige Grundstücke in Arolsen.

Als ich zum ersten Mal auf unserem neu erworbenen Grundstück stand, konnte ich dieses Wunder kaum fassen. Ich ließ die Erde durch meine Hände rinnen und hatte Tränen in den Augen. Nachdem meine Familie durch die Umsiedlung aus Bessarabien und die Flucht vor der russischen Front all ihr Hab und Gut verloren hatte, besaß ich wieder ein eigenes Stück Land. Jede Krume war mir so überaus wertvoll. Ein dreiviertel Jahr später zogen wir dann in unser Haus ein. Es waren noch nicht alle Räume fertiggestellt und die Haustür war auch noch nicht eingebaut. Das Bad und die Flure wurden erst später mit Platten ausgestattet und tapeziert. Im Gang und in der Küche standen noch mehrere Zementsäcke und Werkzeugkisten herum. Das störte mich aber überhaupt nicht. Mich freute es vielmehr gewaltig, dass wir nun unter unserem eigenen Dach schlafen konnten.

Auch die Straße zu unserem neuen Heim wurde erst zwei Jahre später angelegt. Aber in Gummistiefeln konnten wir bei Regen und Schneematsch die Hauptstraße erreichen. Noch im Herbst kurz nach unserem Einzug machte ich mich daran, die Muttererde im Garten zu verteilen, grub dann eine Fuhre Mist unter und pflanzte Erdbeeren. Eigene Früchte wollte ich dann im Sommer ernten. Dass dieser Wunsch nicht erfüllt wurde, habe ich der Liebe meiner kleinen Tochter zu verdanken, die mit einem herrlichen Strauß von Erdbeerblüten am Muttertag vor mir stand und ihr Gedicht aufsagte: „Alle Blumen, die ich fand, leg ich, Mutter, in deine liebende Hand." Ich schloss Anne-Ruth in die Arme und vertröstete mich auf das nächste Jahr. Das Kind hatte es doch nur gut gemeint und deshalb wollte ich mich nicht ärgern und ihm Vorwürfe machen. Wie dankbar war ich, dass der Garten uns mit

Bohnen, Kartoffeln, Zwiebeln, Gurken, Tomaten, Möhren und Kraut versorgte. Auch meine Eltern waren hocherfreut über unser Eigenheim. Sie kamen sofort angereist und halfen uns beim Errichten der Terrasse und beim Plattenlegen auf den Wegen.

Am meisten war ich überrascht über die Losung des Einzugstages. Sie war uns ein besonderes Geschenk, denn sie lautete: „Dies Haus soll ein Bethaus allen Völkern heißen." Auf wunderbare Weise erfüllte sie sich vor unseren Augen. Jeden Samstagabend luden wir die Studierenden des Goethe-Instituts in unser Wohnzimmer ein. Mehr als dreißig Ausländer aus verschiedenen Nationen waren dann unsere Gäste. Von den amerikanischen Soldaten aus der Kaserne in Darmstadt besorgten wir uns englische Liederbücher und kauften auch englische Neue Testamente. So erfüllte sich unser Auftrag für unser Haus und mein Mann konnte den Ausländern jede Woche einen Gottesdienst in englischer Sprache halten. Wie sehr dankten wir unserem Vater im Himmel, wenn wieder ein Afrikaner oder ein Chinese den Weg in die Lebensgemeinschaft mit Gott fand.

Wir waren auch immer dankbar, wenn wir

Christen als Untermieter bei uns wohnen hatten. Sie haben uns in unserem göttlichen Auftrag gut unterstützt. Dabei werde ich an Nosa Omoregi erinnert. Er wurde mitten im kalten Winter bei uns einquartiert. Später erzählte er uns, wie verzweifelt er war, da er damit rechnete, aufgrund der eisigen Temperaturen hier in Deutschland sterben zu müssen. Aber sein warmes Zimmer gab ihm neue Hoffnung und er wurde in der Studentenarbeit unser bester Mitarbeiter. Er nannte mich Mami, obwohl ich nur wenige Jahre älter war als er.

Seine Mutter, eine Lehrerin aus Nigeria, schrieb mir in einem Brief Folgendes: „Nosa ist mein Erstgeborener. Jeden Tag liege ich vor Gott im Gebet auf den Knien und nenne ihm den Namen meines Sohnes. Es war mir ein wichtiges Anliegen, dass er in Deutschland in einer christlichen Familie Aufnahme finden möge. Nun darf er bei Ihnen wohnen und auch Gottes Wort hören. Sie helfen ihm auch, die deutsche Sprache zu erlernen. Dafür bin ich Ihnen sehr dankbar. Gott segne Sie, Ihre Frau Omoregi."

Als seine Studienzeit in der Sprachschule in Arolsen zu Ende ging, bat er mich, für ihn einen Praktikumsplatz in einer Klinik zu suchen. Für junge Menschen aus Afrika war dies zu dieser Zeit noch schwierig. Er wollte gerne Medizin studieren und dafür musste er ein Klinikpraktikum von mehreren Monaten absolvieren. Da wir mit dem Chefarzt der Geburtsabteilung in Arolsen befreundet waren, konnten wir ihn dort unterbringen und er durfte eine Zeit lang auf seiner Station arbeiten.

Aber dann galt es, von ihm Abschied zu nehmen. In Mainz wollte er weiterstudieren. Es gelang mir, dort bei Christen ein Zimmer anzumieten. Als der Tag der Abreise kam, war Nosa sehr traurig und sagte: „Mami, du musst mich nach Mainz begleiten, denn dort ist alles so neu für mich."

Aber ich erwiderte ihm: „Nosa, das geht nicht. Ich erwarte in 14 Tagen unser drittes Kind. Aus diesem Grund werde ich nicht mehr verreisen."

„Mami, du brauchst nichts zu tragen. Deinen Koffer nehme ich in die Hand. Und wenn das Baby früher kommt, kann ich dir helfen. Du musst keine Angst haben, denn ich habe in der Klinik bei der Geburt von Kindern geholfen." Ich musste im Stillen lächeln, aber seinem Wunsch konnte ich auf keinen Fall entsprechen. Es wäre mir viel zu riskant gewesen, so kurz vor der Geburt nach Mainz zu fahren und mein Baby auf der Straße zur Welt zu bringen, auch wenn mir ein angehender Mediziner beisteht. Für diesen Studenten, der uns zu einem Sohn geworden war, sind wir überaus dankbar. Wie viele Studenten hat er zu uns ins Haus eingeladen. Noch heute, da in diesem Land Nigeria so viele Kämpfe toben, frage ich mich oft, wie es Nosa wohl ergangen ist. Im Gebet begleite ich ihn.

Der Abschied von ihm war tränenreich. Nach zehn Schritten, die er gegangen war, drehte er sich immer wieder um und winkte mir zu. An der Wegkreuzung hätte er nach links gehen müssen, aber er ging nach rechts. Wo geht er denn hin?, fragte ich mich. Später erzählte mir die Leiterin des Kindergartens, dass ein Afrikaner aus unserem Haus gekommen sei, um sich von seiner Schwester und seinem Bruder zu verabschieden. Er meinte damit Anne-Ruth und Gottfried, unsere beiden Kinder. In seiner Hand hatte er eine große Tüte mit Süßigkeiten, die er an alle Jungen und Mädchen in der Gruppe verteilte. Noch heute staune ich über unseren guten Freund, der uns sogar ein Bruder in Christus war.

# LEUCHTENDE AUGEN UND EIN FESTER HÄNDEDRUCK

Heute fuhr ich mit einem voll beladenen Auto ins Flüchtlingscamp. Freunde und Bekannte hatten mich reich beschenkt. In einem fast neuen dunkelgrünen Koffer hatte ich die Kleidung verpackt: einen Mantel, zwei Pullover, eine fast neue Windjacke und noch einiges mehr. Der Koffer selbst stammte von einer Diakonisse, die von Gott in die Ewigkeit heimgerufen worden war.

In einem großen Karton lagen die wunderschönen Geschenke für die Kinder. Von verschiedenen Seiten waren mir Puzzlespiele, Mensch-ärgere-dich-nicht und Memory-Spiele geschenkt worden. Ich sah schon in Gedanken während unserer Fahrt vor mir, mit wie viel Freude die Kinder versuchen würden, den Bauernhof mit den zahlreichen Tieren, die Burg hoch oben auf einem Berg und noch viele andere Bilder zu puzzeln. Mich bewegte die Frage, ob die Kinder wohl über dem frohen Spiel die traumatischen Erlebnisse auf der Flucht vor den feindlichen

Truppen oder in den schäbigen Booten auf dem Mittelmeer würden vergessen können?

Eine Mutter hatte mir erzählt, dass ihre Lieblinge den Tod ihres Vaters im Krieg hatten mit ansehen müssen. Die Terroristen hatten ihn an eine Wand gestellt und erschossen. Das sind Leiderfahrungen, die man ein Leben lang nicht mehr vergessen kann. Ich gehe oft zu den Kindern im Lager und versuche, ihnen mit Spielzeug und Schokolade ein Stück weit die Erinnerung an den entsetzlichen Krieg zu nehmen. Aber die verletzten Kindergesichter, auf denen kein Strahl der Hoffnung aufblitzen will, sind auch für mich bedrückend. Heute will ich zu Gott beten in der Gewissheit, dass die schönen Geschenke doch ein Lachen auf ihr Gesicht zaubern.

Ins Lager selbst darf ich nicht hineingehen, aber ich habe eine Methode gefunden, wie ich die Kinder um mich sammeln kann. Und so stellte ich mich dicht an den Zaun, hob die wunderschöne Babypuppe in der einen Hand und das Puzzle vom Bauernhof in der anderen Hand in die Höhe und winkte den Kleinen zu, die auf dem Sandplatz spielten. Ein Achtjähriger bemerkte mich zuerst.

Schnell wie ein Wiesel kam er auf mich zu. Ich ließ ihn in den Überraschungskarton schauen. Mit der einen Hand deutete ich auf ihn, um ihn wissen zu lassen: „Das ist für dich und deine Freunde." Der Junge hatte begriffen, was ich sagen wollte, obwohl ich kein Wort Arabisch verstand, als er seine Kameraden herbeirief. Einer brachte seinen Vater mit, der dann das Paket und den schweren Koffer tragen konnte.

Gerade wollte ich wieder ins Auto steigen, als der Achtjährige noch einmal auf mich zugelaufen kam. Er drückte mir die Hand ganz fest und murmelte ein paar Worte, die mir wohl ein Dankeschön sagen sollten. Sein Gesicht strahlte fröhlich auf. Mir war sofort klar: Dieses Kind habe ich heute froh gemacht. Dabei wurde ich an ein Wort von Martin Luther erinnert, der gesagt hat: „Wer einen Menschen glücklich gemacht hat, der hat mehr als ein Königreich gewonnen."

Heute bin ich im Herzen reich geworden, sehr reich sogar. Diese leuchtenden Kinderaugen und der feste Händedruck eines armen Flüchtlingsjungen begleiteten mich noch lange durch den Tag. Ich wusste: Zur Freude bin ich berufen. Zugleich dankte ich mit einem jubelnden Herzen allen Freunden, die mir ihre Gaben anvertraut hatten. Das Bild aber des dankbaren, fröhlichen Flüchtlingskindes prägte sich mir tief ein.

# UM TROST WAR MIR BANG

„Soll das mein Leben gewesen sein?", fragt mich eine Teilnehmerin unserer Bibelfreizeit und setzt sich zu mir draußen im Garten an meinen Tisch. Es ist der erste freundliche Tag nach viel Regen und Kälte in diesem Sommer. So genieße ich die Sonne und lasse mich von ihr bescheinen. Ich staune über die Offenheit, mit der mich Frau Baumann anspricht: „Leben wollte ich, leben in vollen Zügen. Ich war jung, hatte gerade meine Schulzeit mit ordentlichen Noten zu Ende gebracht und war mit einem Arzt befreundet, der mir bei meinen Rückenschmerzen geholfen hatte. Ich habe wirklich nach einem sinnvollen Leben gesucht und meinte, es in der Freundschaft mit diesem Menschen gefunden zu haben. Aber glücklich hat mich diese Beziehung nicht gemacht.

Zunächst war ich von seiner liebenswürdigen Art berauscht. Er war zwölf Jahre älter als ich, aber dieser Altersunterschied beeinträchtigte nicht meine Liebe zu ihm. Ins Wanken geriet ich erst, als ich mit neunzehn

Jahren schwanger wurde und zu David voller Freude sagte: „Weißt du, wir werden Eltern." Er aber reagierte recht sonderbar, als ich ihm vorschlug, dass wir doch nun heiraten könnten. Mein Kind sollte unbedingt in einer glücklichen Ehe aufwachsen. Aber David war anderer Meinung. An Ehe habe er noch nicht gedacht, und er hoffe, dass ich mich von meinem Baby trennen würde.

Dieser Gedanke wäre mir nie in den Sinn gekommen. Eine Abtreibung konnte ich mir nicht vorstellen. In langen Gesprächen machte ich ihm deutlich, dass es wirklich besser wäre, wir würden vor den Altar treten und beide Ja sagen. Schließlich willigte David ein. Das Kind sollte doch einen Vater haben, aber ob er immer mit mir zusammenbleiben könnte, müsste er sich noch überlegen. Ich verstand meinen Freund nicht und war unendlich traurig über seine Reaktion. Aber dann heiratete er mich doch.

Über meine Tochter, die dann drei Monate nach der Hochzeit das Licht der Welt erblickte, habe ich mich gefreut und war erstaunt, dass mein Mann diesen süßen Schatz doch lieb gewann. Wir blieben zusammen und die ersten Jahre unserer Ehe genoss ich, zumal ich fünf Jahre später noch einen Sohn zur Welt brachte. Es war uns auch möglich, uns ein Eigenheim zu bauen, und auf mich kam eine neue Aufgabe zu. Mir war es eine Freude, einen wunderschönen Blumen- und Gemüsegarten anzulegen. Unsere beiden Kinder hielten uns auf Trab, aber sie bereiteten uns auch viel Freude. Auf dem Grundstück legten wir uns einen kleinen Spielplatz an. Darauf bauten wir den Kleinen eine Schaukel und eine Wippe. Als sie in die Schule kamen, hatten wir keine Probleme mit ihnen und beide schafften das Abitur. Zum Studium der Medizin gingen unser Sohn und unsere Tochter zur Universität nach Tübingen.

Nun wurde es recht still in unserem Haus und eigentlich hätte für uns zwei eine schöne und erholsame Zeit anbrechen können. Aber alles entwickelte sich total anders. Mein Mann fing eine Liebschaft mit seiner Sprechstundenhilfe an. Mir fiel nur auf, dass David meist erst spät nach Hause kam. Er begründete dies mit einem vollen Einsatz in seiner Praxis. Einmal wurde ich hellhörig bei einem langen Telefonat, das er mit seiner Sprechstundenhilfe führte. Ich belauschte dieses Gespräch und begriff, dass Frau Mitteldorf seine Geliebte war. Darüber redete ich mit meinem Mann und er gestand mir seine Liebe zu dieser Frau. Er machte mir auch klipp und klar deutlich, dass er sich von mir scheiden lassen wollte.

Für mich brach eine Welt zusammen, als mein Mann auch seinen beiden erwachsenen Kindern dies mitteilte. Mit mir kam er überein, dass er bereit sei, unser Haus zu verkaufen und mir die Hälfte des Geldes davon auszuzahlen. Er wäre mir sogar dabei behilflich, eine kleine Eigentumswohnung zu kaufen.

Innerhalb eines Jahres stand ich nun vor einem Scherbenhaufen. Die Freude an unserem Haus und unserer Ehe war mir innerhalb von zwölf Monaten vergangen. Ich geriet darüber in eine tiefe Depression. So hatte ich mir mein Leben nicht vorgestellt. 19 Jahre glückliche Ehe konnte ich nicht so schnell vergessen. Mein Mann versprach mir, auch weiter für mich zu sorgen, und gerichtlich wurden die Bedingungen der Ehescheidung geregelt. Aber die Einsamkeit setzte mir sehr zu, zumal auch die Kinder nicht mehr zu Hause waren. Zwei Jahre kämpfte ich gegen die Depression an, bis ich sie endlich überstanden hatte. Geholfen hat mir dabei ein Bekannter.

Gerhard war Geschäftsführer eines Unternehmens und wie ich ebenfalls geschieden. Eine für mich glückliche Beziehung bahnte sich zwischen uns an. Aber heiraten wollten wir nicht so schnell. Drei Jahre nach unserem Kennenlernen fuhren wir nach Mallorca zu einem dreiwöchigen Urlaub. Dort lebte ich auf und ich genoss wunderschöne Tage auf dieser herrlichen Insel.

Aber dann gab es einen Tag, den ich wohl mein Leben lang nicht mehr vergessen werde. Ich sonnte mich am Strand und las dabei einen interessanten Roman mit dem Titel „Das Mädchen aus dem Zug", während mein Mann sich in den Wellen tummelte. Er war ein sehr guter Schwimmer. Aber plötzlich gab es einen großen Tumult in meiner Nähe. Das Rettungsauto und der Polizeiwagen fuhren heran und der Notarzt stieg aus seinem Auto. Vier junge Männer zogen einen Ertrunkenen an Land. Urlauber eilten herbei, um zu sehen, was sich vor ihren Augen ereignet hatte.

Da legte auch ich mein Buch zur Seite und wollte erkunden, was da geschehen war.

Plötzlich erkannte ich auf der Trage meinen Gerhard. Er wurde beatmet, aber ohne Erfolg. Schließlich fuhr der Sanitätswagen wieder fort und ein Bestattungsauto wurde angefordert. Ich lief zum Arzt und gab mich als Lebensgefährtin dieses Mannes zu erkennen. Ich musste mir anhören, dass alle ärztliche Kunst vergeblich gewesen sei. Gerhard habe im Wasser einen Hirnschlag erlitten und sei dadurch ertrunken.

Mein Elend konnte ich nicht begreifen. Wir hatten solch herrliche Tage auf dieser Insel erlebt, waren sogar übereingekommen, dass wir am 19. Oktober heiraten wollten, und nun stand ich vor diesem Drama. Hatte ich nicht schon genug Enttäuschungen in meinem Leben erfahren müssen? Wie niederschmetternd war der Gedanke, dass ich nun wieder allein dastand.

‚O Gott, wie bist du so hart zu mir‘, schrie ich auf. ‚Gönnst du mir denn gar kein Glück?‘ Nur gut, dass mir meine beiden Kinder nach meiner Rückkehr nach Deutschland zu Hilfe eilten und sich an meine Seite stellten. Noch nie habe ich ihre Nähe und Trost so hilfreich erfahren wie gerade jetzt. Vor allem meine Tochter blieb bei mir und zog zu mir in meine Wohnung. Ohne ihre liebevolle Nähe hätte ich mir vielleicht das Leben genommen. Gerhard war ein wunderbarer Mensch gewesen und wir hatten uns so prächtig verstanden. Aber nun war ich verzweifelt wie nie zuvor.

Dieser Schicksalsschlag liegt nun ein Jahr zurück. Ich bin extra hier in dieses Bibelheim gefahren, um Trost und Hilfe für mich zu suchen. Es war vor allem eine gläubige Nachbarin, die mir empfahl, gegen meinen Kummer nicht allein anzukämpfen, sondern das Gespräch mit Gott zu suchen. In solch unheilvollen Führungen könne nur er mir helfen, sagte sie und drückte mir auch eine Spruchkarte in die Hand, die mir Trost spendete. So steht in Jesaja: ‚Heile du mich, Herr, so werde ich heil. Hilf du mir, so ist mir geholfen.‘ Aus diesem Grund habe ich mich heute Morgen auch gleich zu Ihnen gesetzt. Ich brauche das persönliche Gespräch, denn die Angst drückt mich zu Boden.“

Es war gut, dass Frau Baumann Vertrauen zu mir gefasst hatte und in ihrem Elend nicht allein geblieben war. So sagte ich nur: „Ihr Kummer ist mir zu Herzen gegangen. Aber weil ich weiß, dass allein bei Gott Hilfe zu finden ist, erlauben Sie mir bitte, dass wir gemeinsam unsere Hände falten und ihn um Trost für Sie bitten."

Frau Baumann nickte und ich rief mit ihr den um Beistand an, der unser Vater im Himmel ist. Das ist der erste Schritt, der unserem betrübten Herzen Hilfe geben kann. Wir müssen unsere Not nicht allein tragen, sondern dürfen uns an den Hals unseres Gottes hängen, bei dem wir allein Rettung finden können. Außerdem bat ich Frau Baumann, in den kommenden Tagen an unseren morgendlichen Andachten teilzunehmen und auch meine Vorträge am Abend zu besuchen. Denn ich hatte das feste Vertrauen zu meinem Herrn, dass er demjenigen wieder aufhelfen will, der so zerschunden am Boden liegt. Schließlich steht im Neuen Testament: „Kommet her zu mir alle, die ihr mühselig und beladen seid, ich will euch erquicken."

Diesen Rat befolgte meine Gesprächspartnerin. Am Ende dieser acht Tage fragte sie mich noch, ob ich ihr eine gute Bibel empfehlen könnte. So bat ich meinen Mann, mir seine neue Bibel zu geben, die in Großdruck und auch in leicht verständliche Sprache übersetzt war. Zu Hause könnte er sich wieder eine andere zulegen.

Dankbar nahm Frau Baumann das Geschenk entgegen. Als Widmung schrieb ich ihr einen meiner Lieblingssprüche hinein: „Weil du in Gottes Augen so wertvoll geachtet bist, sollst du auch wunderbar sein, denn ich habe dich lieb. Darum fürchte dich nicht" (Jesaja 43,7). Schon in vielen Situationen war mir dieses Wort zu einem kraftvollen Zuspruch geworden.

# JAMES COOK,
## DER WELTUMSEGLER

Wer in das Herz von James Cook schauen möchte, wird vor einem Rätsel stehen, denn es war nicht seine Art, sein Innerstes vor anderen zu offenbaren. Das lag an seiner natürlichen Scheu, die ihn schon von seiner Kindheit an begleitete. Aber wer sich mit seinen Taten beschäftigt, erfährt, welch wunderbare Erfahrungen er mit seinem himmlischen Vater machte und wie liebevoll und barmherzig er sich der Menschen annahm, mit denen er es in seinen großen Aufgaben als Entdecker zu tun hatte. Er wollte die Welt umsegeln. Arm waren seine Eltern, einfache Landarbeiter. Aber das Besondere in dieser Familie war ihr Glaube an Gott. Geprägt wurde er von einer strengen puritanischen Glaubensrichtung, die sich auf sein ganzes Leben auswirkte.

Geboren wurde er am 27. Oktober 1728 in Morton in Yorkshire. Schon mit zwölf Jahren wurde er in die Lehre bei einem Ladeninhaber gegeben. Später kam er zu einem Reeder. Auf eine gute Schulbildung konnten die Eltern wegen ihrer Armut nur wenig Gewicht legen. Er selbst aber war wissbegierig und in seiner Freizeit bemühte er sich, mit ganzem Einsatz Wissen zu erwerben. Als in Frankreich der Krieg ausbrach, ging er als Freiwilliger zur Kriegsmarine. Später führte ihn sein Weg in die Handelsmarine. Er stieg die Karriereleiter nach oben und wurde Erster Offizier. 1759 wurde ihm zum ersten Mal ein Schiff anvertraut. Nun legte er großen Wert darauf, sich in Mathematik und Navigation, die sich an den Sternbildern ausrichteten, Wissen anzueignen. Auch an der Vermessungslehre, die ihm später die Befähigung zu seinen großen Entdeckungsreisen vermittelte, war er interessiert.

Knapp zehn Jahre später stieg er in seiner Laufbahn zum Kapitän auf. Ihm wurde die Aufgabe gestellt, eine Expedition zu einer Südseeinsel durchzuführen und zugleich astronomische Beobachtungen festzuhalten. Auf der Rückfahrt von dieser Entdeckungsreise wurden zum ersten Mal viele Inseln gesichtet und auf einer Karte festgehalten.

Hervorzuheben ist vor allem die Wiederentdeckung von Neuseeland. Auch die Cookstraße muss hier erwähnt werden. Auf dieser so wichtigen Fahrt fiel vor allem seine christliche Haltung gegenüber den Eingeborenen auf. Selbst den Wildesten unter ihnen trat er mit Respekt entgegen. Viele Beispiele darüber finden sich in seinen Reiseberichten. Barmherzigkeit war sein wichtigstes Gebot, und in jedem Menschen sah er die Größe seines Schöpfergottes.

James Cook war ein strenger Kapitän, und doch bemühte er sich, seinen Untergebenen viel Gutes zu tun und für ihr Wohlergehen zu sorgen. Das war in der damaligen Zeit etwas Besonderes, denn die Kapitäne gingen nicht eben rücksichtsvoll mit ihrer Mannschaft um. Er musste erleben, dass bei der ersten Fahrt 30 von 85 Matrosen starben. Diese Tatsache erschütterte ihn zutiefst und er machte sich Gedanken darüber, was er auf der zweiten Entdeckungsreise, die ihn in den Pazifik führte, ändern sollte.

Die Arbeitsbedingungen für die Mannschaft mussten strikt geändert werden. So ließ er anordnen, dass die Zahl der Arbeitsstunden reduziert werden sollte. Auf dem Schiff sollte auf größte Sauberkeit geachtet werden. Viel frisches Wasser und gesunde Nahrungsmittel sollten beim Aufbruch einer Fahrt auf das Schiff geladen werden. Vor allen Dingen sollten die Matrosen Sauerkraut zu sich nehmen, da es viele Vitamine enthielt. Aber begehrt war diese Speise nicht gerade und keiner wollte dieses saure Zeug zu sich nehmen. Aber Cook bestand darauf, dass man es ihm selbst jeden Tag vorsetzte. So wollte er für seine Matrosen ein Vorbild sein. Seine Haltung wirkte mehr, als wenn er seine Mannschaft zu diesem Verzehr gezwungen hätte.

So war die Zahl der Verstorbenen mit nur vier Mann weit geringer als zuvor. Das gute, gesunde Essen, genügend Wasser und die größeren Ruhepausen wirkten gesundheitsfördernd trotz der langen Fahrt unter den oft harten Bedingungen in der Antarktis. Zum ersten Mal wurde bei dieser Erkundungsfahrt der Cookarchipel entdeckt. Hier zeigte es sich, wie hilfreich es war, mit seinen Matrosen verantwortungsvoll umzugehen.

Am 12. Juli 1776 ging Cook auf seine letzte Entdeckungstour. Ihm wurde der Auftrag erteilt, im nördlichen Pazifik einen Seeweg um Nordamerika herum zu finden. Auf seiner Reise in den Norden zur Erforschung des Beringmeeres – quer über den Pazifik – entdeckte Cook die Sandwichinseln. Dort ließ er auch sorgfältige Vermessungen durchführen.

Nach dieser nicht leichten Aufgabe nahm sein Schiff wieder Fahrt nach Süden auf, um in Hawaii alle entstandenen Schäden an seinem Schiff wieder in Ordnung zu bringen. Ein kurzer Aufenthalt erfolgte in der Karakakoa Bay und dann stach das Schiff wieder in See. Leider musste es aber nach wenigen Tagen wieder umkehren, da gewaltige Stürme wüteten, die schwere Schäden anrichteten.

Mit großem Entsetzen stellte Cook fest, dass die bisher so freundlichen Eingeborenen ihm nun sehr feindlich entgegentraten. Am 14. Februar 1797 ging Cook an Land, am Ufer wurde seine kleine Mannschaft hart angegriffen. Einige Matrosen wollten ihren Kapitän beschützen und eröffneten vom Boot aus das Feuer auf die Angreifer. Zu ihrer Bestürzung mussten sie dabei zusehen, wie vier ihrer eigenen Leute von den Eingeborenen getötet wurden.

Cook aber wollte weiteres Blutvergießen vermeiden und befahl seinen Leuten, das Feuer sofort einzustellen. Aber nur wenige Augenblicke später wurde der Kapitän vor ihren Augen niedergeschlagen und erstochen. Seinen Leichnam nahmen die Eingeborenen mit.

Später brachten dann einige dieser vermeintlichen Menschenfresser voller Scham die sterblichen Überreste von Cook auf das Schiff zurück. Im Schiffstagebuch konnte man dann nachlesen: „Am 21. Februar bei Sonnenuntergang gab die Mannschaft zehn Minuten lang Salutschüsse ab, während bei Halbmast die sterblichen Überreste unseres Kapitäns der See übergeben wurden." Einer der Matrosen äußerte sich: „Wir alle hatten das Gefühl, einen liebenden Vater verloren zu haben." Für diese Mannschaft war der Tod von Cook ein schreckliches Erleben. Aber doch ahnten sie, dass ihr Kapitän durch Gottes große Gnade Eingang in die ewige Herrlichkeit gefunden hatte.

# Ein schrecklicher Unfall

Heute war der erste Todestag von Jonathan Müller, der durch einen schweren Unfall ums Leben gekommen war. Die Räder eines großen Treckers waren über ihn hinweggerollt und haben ihn getötet. Jonathan war der einzige Sohn seiner Mutter und ein so liebenswerter Junge. Vor allen Dingen nahm er es mit Jesus sehr ernst. Wie gerne ging er in den Kindergottesdienst und war auch seinen Mitschülern ein guter Kamerad. Dieses Unglück bewegte das ganze Dorf. Die Trauerfeier fand in der Kirche statt, weil die Friedhofskapelle die Besucher nicht hätte fassen können. Auch der Fahrer des Treckers war anwesend und er selbst konnte es nicht begreifen, dass ihm das entsetzliche Unglück passiert war. Nach der Feier im Gotteshaus bewegte sich ein langer Zug durch den Ort bis zur Beerdigungsstätte. Viele Schüler begleiteten ihren Freund unter Glockengeläut.

Auch für den jungen Pfarrer war dies ein schwerer Gang. Er liebte Jonathan ganz besonders, weil er ein aufmerksamer Zuhörer beim Kindergottesdienst war. Mit bereitem Herzen saß er meist ganz vorne in der ersten Kirchenbank und lauschte andächtig dem Pfarrer, wenn er den Jungen und Mädchen die Jesusgeschichten spannend erzählte. Nun aber blieb sein Platz leer und auf dem Friedhof flossen viele Tränen. Fragen über Fragen blieben offen und keiner seiner Verwandten und Freunde konnte begreifen, wie dieser schreckliche Unfall hatte geschehen können.

Heute, am ersten Jahrestag seines Heimgangs zu Gott, war ein besonders schwerer Tag für die Mutter und auch für den Bauern, der den Tod des Jungen zu verantworten hatte. Dieses Ereignis würde die beiden noch lange bedrängen.

An diesem Morgen stand die Mutter schon sehr früh am Grab ihres Lieblings, um an ihr Kind zu denken und um Jonathan zu trauern. Auch der Pfarrer gedachte des Jungen und hatte für ihn eine Schale mit roten Rosen an sein Grab gestellt. Es war Gottes Führung, dass er dort mit der Mutter zusammentraf. Sie freute sich darüber, dass die Kinder aus dem Kindergottesdienst an ihren Jungen dachten und diesen lieben Gruß mit einem Brief durch den Pfarrer auf den Friedhof bringen ließen. Jonathan war bei ihnen noch nicht vergessen. Gewiss, heute würden wieder viele Tränen bei der Mutter an diesem Grabhügel fließen. Aber wird nicht gerade an den Gräbern die Macht der Auferstehung für uns Menschen deutlich?

Unsere Gedanken werden zu Jesus hin gelenkt. Er allein ist der wahre Tröster. Hat er doch in seiner Anfechtung im Garten Gethsemane auch viele Tränen vergossen, als ihm sein Leidensweg vor Augen stand. Er durchlitt selbst die schreckliche Not der Einsamkeit und empfand dann an Karfreitag den Schmerz auf Golgatha tief in seinem Innern, als er laut aufschrie: „Mein Gott, mein Gott, warum hast du mich verlassen?" Solange wir auf dieser Erde leben, gilt es immer wieder, Abschied von Menschen zu nehmen, die wir lieben und die für uns bedeutsam geworden sind. Wir dürfen trauern, aber wir tun dies in der Gewissheit, dass der Herr im Himmel mit uns die Not empfindet. Er will uns dann selbst die Tränen von unseren Augen wischen und uns den Glanz und die Herrlichkeit der himmlischen Welt vor Augen stellen.

Auch Jonathans Mutter bat den Pfarrer darum, der mit ihr am Grab ihres Sohnes stand, für sie zu beten. Als dies der Geistliche tat und Gott darum bat, dass sie Trost und Heilung in ihrem Leid erfahren möge, bedankte sie sich anschließend für die Blumenschale von all den Kindern, mit denen ihr Junge im Kindergottesdienst verbunden gewesen war: „Mein Liebling wird nicht vergessen, Herr Pfarrer, und das gibt mir die Gewissheit, dass mein Sohn sicher in den Armen Jesu ruhen darf. Vielen Dank für Ihr Gebet."

Adresse:
Lotte Bormuth
Sperberweg 8a
35043 Marburg
Tel. 06421/41347